FROMAGES
Artisans du Québec
la crème de la crème

Catalogage avant publication de Bibliothèque et Archives nationales du Québec et Bibliothèque et Archives Canada

Foreman, Michèle

　　Fromages. Artisans du Québec. La crème de la crème

　　(Cuisin'Art)

　　ISBN 978-2-89696-019-4

　　1. Fromage - Québec (Province). 2. Fromage - Fabrication - Québec (Province). 3. Fromagers - Québec (Province). I. Titre.

SF274.C2F67 2012　　　　637'.309714　　　　C2012-940987-1

Fouillet, André - Le lait
Tirard-Collet, Patrick - Fabriquer un fromage, un art ou une technologie ?, L'affinage, L'aventure sensorielle, Le concours Sélection Caseus

Infographie : Nicole Brassard
Révision linguistique : Karine Moniqui
Photographie : Michèle Foreman

Crédits photos : page 39, Charlotte Barrette ; page 158, Martin Fiset ; page 154, Alexina Quirion

© 2012 Les Éditions du Sommet inc.
Tous droits réservés pour tous les pays et pour toutes les langues.

Dépôt légal :　　2ᵉ trimestre 2012
　　　　　　　　Bibliothèque nationale du Québec
　　　　　　　　Bibliothèque nationale du Canada

ISBN : 978-2-89696-019-4

Imprimé au Canada

Les Éditions du Sommet inc.

Siège social et entrepôt
Complexe Lebourgneuf, bureau 125
825, boul. Lebourgneuf
Québec (Québec) G2J 0B9 CANADA
Téléphone : 418 845-4045
Télécopieur : 418 845-1933

Bureau d'affaires
407-D, rue Principale
St-Sauveur-des-Monts (Québec)
J0R 1R4 CANADA
Téléphone : 450 227-8668
Télécopieur : 450 227-4240
Courriel :   info@dusommet.com
　　　　　　www.dusommet.com

Nous reconnaissons l'aide financière du gouvernement du Canada par l'entremise du Fonds du livre du Canada (FLC) pour nos activités d'édition.

Nous remercions la Société de développement des entreprises culturelles du Québec (SODEC) pour son appui à notre programme de publication.

Limites de responsabilité

L'auteure et l'éditeur ne revendiquent ni ne garantissent l'exactitude, le caractère applicable et approprié ou l'exhaustivité du contenu de ce programme. Ils déclinent toute responsabilité, expresse ou implicite, quelle qu'elle soit.

De la même auteure :

L'histoire savoureuse d'une région, Stellaire Éditeur
　　　　　– *Outaouais*, 2003
　　　　　– *Bas-Saint-Laurent*, 2004
　　　　　– *Québec*, 2004
　　　　　– *Chaudière-Appalaches*, 2005
　　　　　– *Cantons-de-l'Est*, 2007
　　　　　– *Lanaudière*, 2008
Savour Quebec Regional Bounty, 2005
Flavours of a Region Eastern Townships, 2007

FROMAGES • Artisans du Québec

ÎLES-DE-LA-MADELEINE

Fromagerie du Pied-de-Vent (page 158)
149, chemin Pointe-Basse
Havre-aux-Maisons
418 969-9292

Fromagerie du terroir de Bellechasse mi-industrielle
Vaste gamme de fromages de types divers, dont quelques-uns s'identifient aux saveurs du terroir de Bellechasse.

585, route St-Vallier
St-Vallier
418 884-4027

POUR LES AMATEURS DE CHEDDAR FRAIS, EN GRAINS OU AFFINÉ :

Fromagerie Gilbert artisanale
263, route Kennedy
Saint-Joseph (Beauce)
418 397-5622

Fromagerie La Pépite d'or artisanale
17 520, boul. Lacroix
Saint-Georges (Beauce)
418 228-2184
www.fromageriepepitedor.com

Fromagerie La Bourgade artisanale
16, boul. Caouette Nord
Thetford-Mines
418 335-3313

Fromagerie Port-Joli artisanale
16, rue des Sociétaires
Saint-Jean-Port-Joli
418 598-9840

BAS-SAINT-LAURENT ET GASPÉSIE

Fromagerie Le Mouton Blanc (page 152)
176, Route 230 Ouest
La Pocatière
418 856-6627

Fromagerie Le Détour (page 154)
100, route Transcanadienne
Notre-Dame-du-Lac
418 899-7000
www.fromagerieledetour.com

DANS LA RÉGION DU BAS-SAINT-LAURENT
SE TROUVENT AUSSI :

Fromagerie des Basques mi-industrielle
Cheddar dans toutes ses présentations, mais aussi une grande famille de fromages affinés qui méritent un arrêt. Des produits présentés fièrement par la famille Pettigrew.

69, Route 132 Ouest
Trois-Pistoles
418 851-2198
www.fromageriedesbasques.ca

DANS LA RÉGION DE LA GASPÉSIE SE TROUVENT :

Fromagerie du Littoral fermière
Depuis 2006, la Ferme du Litttoral, une entreprise familiale, transforme son lait en fromage.

200, Route 132
Baie-des-Sables
418 772-1314

La Moutonnière (page 136)
3456, rue Principale
Sainte-Hélène-de-Chester
819 382-2300
www.lamoutonniere.com

Fromagerie L'Atelier (page 138)
3456, rue Principale
Sainte-Hélène-de-Chester
819 382-2300

Chèvrerie Mathurin (page 140)
625, Rang 6
Sainte-Sophie-d'Halifax
819 621-1049
www.chevremathurin.com

Fromagerie Éco-Délices (page 142)
766, 9ᵉ Rang Est
Plessisville
819 362-7472
www.ecodelices.com

DANS CETTE RÉGION SE TROUVENT AUSSI :

Fromagerie L'Ancêtre mi-industrielle
La fromagerie est renommée pour ses cheddars vieillis de grande qualité, faits au lait cru biologique de vache.

17 600, rue Béliveau
Bécancour
819 233-9157
www.fromagerieancetre.com

CHAUDIÈRE-APPALACHES

Cassis et Mélisse (page 146)
212, rang de la Pointe-Lévis
Saint-Damien-de-Buckland
418 789-3137
www.fromagechevre.ca

Fromagerie de l'Île-aux-Grues (page 148)
210, chemin du Roi
Isle-aux-Grues
418 248-5842
www.fromagesileauxgrues.com

DANS CETTE RÉGION SE TROUVENT AUSSI :

Chèvrerie du Buckland fermière
Maryse Dupont et Marc Bruno fabriquent, du lait de la traite de quelque 80 chèvres de leur troupeau, la célèbre Tomme du Maréchal, fort appréciée des amateurs et qui est, heureusement pour eux, également disponible au marché Jean-Talon à Montréal.

4416, rue Principale
Buckland
819 889-2958

Jac le Chevrier fermière
Depuis 2005, Jacques Mailhot produit, de mars à décembre, un fromage de type crottin, Jac le Chevrier, à partir du lait de son troupeau d'une cinquantaine de chèvres.

1139, rang Saint-Joseph
Saint-Flavien
418 728-1807

CANTONS-DE-L'EST

Fromagerie des Cantons (page 118)
441, boul. de Normandie Nord
Farnham
450 293-2498

Beurrerie du Patrimoine (page 120)
225, chemin Cochrane
Compton
819 835-9373
www.fermegroleau.com

Fromagerie La Station (page 122)
430, chemin de Hatley
Compton
819 835-5301
www.fromagerielastation.com

Caitya du Caprice Caprin (page 124)
1023, Route 210
Sawyerville
819 889-2958

Chèvrerie Fruit d'une passion (page 126)
Saint-Ludger
819 548-5705
www.joyeuxfromagers.wordpress.com

Fromagerie Nouvelle France (page 128)
305, rue Principale
Racine
819 578-7234
www.fromagerienouvellefrance.com

DANS CETTE RÉGION SE TROUVENT AUSSI :

Abbaye de Saint-Benoît-du-Lac mi-industrielle
Fondée en 1912, ce n'est qu'en 1943 que les moines bénédictins commencent à fabriquer en exclusivité le renommé Bleu Ermite.

Plusieurs autres fromages se sont ajoutés à la gamme depuis et il est toujours agréable de se rendre à l'Abbaye pour choisir des fromages tout en profitant de la beauté du site.

1, rue Principale
Saint-Benoît-du-Lac
819 843-4080
www.st-benoit-du-lac.com

Fromagerie P'tits Plaisirs artisanale
Six membres de la famille Grenier travaillent ardemment, de la ferme à la fromagerie, pour offrir du cheddar sous toutes les formes et ainsi perpétuer de belles traditions agricoles.

503, rue de la Carrière
Weedon
819 877-3210
www.fromagerieptitplaisir.com

CENTRE-DU-QUÉBEC

Fromagerie Pampille et Barbichette (page 132)
2722, rang Saint-Edmond
Sainte-Perpétue
819 336-6882
www.pampillebarbichette.com

Fromagerie du Presbytère (page 134)
222, rue Principale
Sainte-Élizabeth-de-Warwick
819 358-6555
www.fromageriedupresbytere.com

Fromagerie Médard (page 100)
10, chemin De Quen
Saint-Gédéon
418 345-2407
www.fromageriemedard.com

Fromagerie La Normandinoise (page 102)
554, rue Saint-Cyrille
Normandin
418 274-3465

Fromagerie Ferme des Chutes (page 104)
2350, rang Saint-Eusèbe
Saint-Félicien
418 679-5609
www.fromagerie-des-chutes.qc.ca

Fromagerie au Pays-des-Bleuets (page 106)
805, rang Simple Sud
Saint-Félicien
418 679-2058

MONTÉRÉGIE

Fromagerie Chaput (page 110)
830, boul. Ford, local 422
Châteauguay
450 692-3555
www.fromageriechaput.com

Fromagerie Au Gré des Champs (page 112)
400, rang Saint-Édouard
Saint-Jean-sur-Richelieu
450 346-8732
www.augredeschamps.com

Ferme Mes Petits Caprices (page 114)
4395, rang des Étangs
Saint-Jean-Baptiste
450 467-3991

DANS CETTE RÉGION SE TROUVENT AUSSI :

Ferme Diodati artisanale
Maria et Antonio Diodati fabriquent du fromage fermier au lait de chèvre et de brebis depuis 40 ans, en demeurant fidèles aux types de fromages de l'Italie, leur pays d'origine.

Produits fermiers au lait de chèvre et de brebis : fromages frais et vieillis

1329, chemin Saint-Dominique
Les Cèdres
450 452-4249

Fromagerie Ruban Bleu artisanale
Une référence depuis 1980. C'est Denise Poirier et Jean-Paul Rivard qui étaient les maîtres d'œuvre à cette époque, fiers de leur troupeau exceptionnel de chèvres de race Toggenbourg pur sang qui a mérité le ruban bleu à maintes occasions.

Caroline Tardif et Jean-François Hébert assurent la relève dès la fin de 2005. Ils construisent une fromagerie plus spacieuse à Mercier et y déménagent le troupeau en 2009.

Produits caprins fermiers : fromages frais et vieillis

14, rang Saint-Charles
Mercier
450 691-2929
www.rubanbleu.net

Fromagerie Fritz Kaiser mi-industrielle
Fondée en 1981, la fromagerie, située à Noyan en Montérégie (tout près de la frontière de l'État de New York), se spécialise dans les fromages fins d'inspiration suisse.

459, 4e Concession
Noyan
450 294-2207
www.fkaiser.com

MAURICIE

Fromagerie F.X. Pichet (page 72)
400, boul. de Lanaudière
Sainte-Anne-de-la-Pérade
418 325-3536
www.fromageriefxpichet.com

DANS CETTE RÉGION SE TROUVENT AUSSI :

Ferme Caron fermière
Christiane Julien et Gaétan Caron exploitent la ferme familiale depuis les années 1980. À une époque, on a ajouté quelques chèvres au troupeau.

Les fromages, certifiés biologiques, sont fabriqués du printemps à l'automne.

1091, rue Louis-de-France
Trois-Rivières
819 379-1772

QUÉBEC

Fromagerie des Grondines (page 76)
274, Rang 2 Est
Grondines
418 268-4969
www.fromageriedesgrondines.com

Fromagerie Ducrêt (page 78)
851, rang Sainte-Angélique
Saint-Basile
418 329-3080

Les Fromages de l'isle d'Orléans (page 80)
4696, chemin Royal
Sainte-Famille, Île d'Orléans
418 829-0177
www.fromagesdeliledorleans.com

CHARLEVOIX

Laiterie Charlevoix (page 84)
1167, boul. Monseigneur-de-Laval
Baie-Saint-Paul
418 435-2184
www.fromagescharlevoix.com

La Maison d'affinage Maurice Dufour (page 86)
1339, boul. Monseigneur-de-Laval
Baie-Saint-Paul
418 435-5692
www.famillemigneron.com

SAGUENAY–LAC-SAINT-JEAN

Fromagerie La Petite Heidi (page 90)
504, boul. Tadoussac
Sainte-Rose-du-Nord
418 675-2537

Les Bergeries du Fjord (page 92)
2992, chemin du Plateau
La Baie
418 543-9860

Fromagerie Blackburn (page 94)
4353, chemin Saint-Benoît
Jonquière
418 547-4153
www.fromagerieblackburn.com

Fromagerie Lehmann (page 96)
291, rang Saint-Isidore
Hébertville
418 344-1414

Fromagerie l'Autre Versant (page 98)
901, Rang 3
Hébertville
418 344-1975

LAURENTIDES

Fromagerie Le P'tit Train du Nord (page 48)
624, boul. Albiny-Paquette
Mont-Laurier
819 623-2250
www.fromagerieptittraindunord.com

Les Fromages de l'Érablière (page 50)
1580, rue Eugène-Trinquier Est
Mont-Laurier
819 623-9084

Les fromages du verger (page 52)
430, rue de la Pommeraie
Saint-Joseph-du-Lac
450 974-4424
www.lesfromagesduverger.com

Les Fromagiers de la Table Ronde (page 54)
317, boul. Sainte-Sophie
Sainte-Sophie
450 530-2436
www.fromagiersdelatableronde.com

DANS CETTE RÉGION SE TROUVENT AUSSI :

Le Troupeau Bénit artisanale
Le Monastère Vierge Marie la Consolatrice a été fondé en 1993. Les religieuses de la congrégation chrétienne orthodoxe grecque ont d'abord produit du fromage avec le lait de leur troupeau de chèvres et de brebis pour subvenir à leurs besoins.

Puis, en 2001, elles ont accepté de vendre au public qui réclamait leurs fromages. Bien qu'elles aient vendu leur troupeau, elles n'ont pas cessé la production fromagère.

827, chemin de la Carrière
Brownsburg
450 533-4313

LAVAL

Fromagerie du Vieux St-François (page 58)
4740, boul. des Mille-Îles
Laval
450 666-6810
www.fromagerieduvieuxstfrancois.com

LANAUDIÈRE

Fromagerie La Suisse Normande (page 62)
985, rang Rivière Nord (Route 339)
Saint-Roch-de-l'Achigan Ouest
450 588-6503
www.lasuissenormande.com

Fromagerie du Champ à la Meule (page 64)
3601, rue Principale
Notre-Dame-de-Lourdes
450 753-9217
www.champalameule.com

Fromagerie Il était une Bergère (page 66)
2280, rue Principale
Saint-Cuthbert
450 836-2582
www.iletaitunebergere.com

Fromagerie Domaine Féodal (page 68)
1303, rang Bayonne Sud (Route 345 Nord)
Berthierville
450 836-7979
www.fromageriedomainefeodal.com

COORDONNÉES

ABITIBI-TÉMISCAMINGUE

Le Fromage au village (page 38)
45, rue Notre-Dame Ouest
Lorrainville
819 625-2255

DANS CETTE RÉGION SE TROUVENT AUSSI :

Chèvrerie Dion fermière
En 2009, Guillaume Lemieux fait l'acquisition
de la fromagerie de Gilberte Dion fondée en 1986.
Il la déplace alors de Montbeillard à Macamic.

Produits caprins fermiers : fromages frais et vieillis, yogourt

464, Rang 10 et 1 Ouest
Macamic
819 339-3913

La vache à Maillotte mi-industrielle
Fondée en 1996, cette fromagerie est un bel exemple
de croissance dans la région.

Fromages au lait de vache et de brebis, dont l'Allegretto

604, 2ᵉ Rue Est
La Sarre
819 333-1121
www.vacheamaillotte.com

OUTAOUAIS

La fromagerie les folies bergères (page 42)
955, Route 317
Saint-Sixte
819 983-4010
www.lafromagerielesfoliesbergeres.ca

Fromagerie Montebello (page 44)
687-A, rue Notre-Dame
Montebello
819 309-0541
www.fromagerie-montebello.ca

DANS CETTE RÉGION SE TROUVENT AUSSI :

Fromagerie La Cabriole fermière
Émilie Lemay et Raphaël Bédard se sont investis dans
l'élevage de chèvres, puis dans la fabrication fromagère
en 2011 à Montcerf-Lytton, près de Maniwaki.

Produits caprins fermiers frais et affinés

105, 3ᵉ Rang
Montcerf-Lytton
819 449-0005

Ferme Floralpe artisanale
Passionnée des chèvres, Éliette Lavoie a été parmi
les toutes premières à réaliser son rêve de fabriquer du
fromage de leur lait. Aujourd'hui, c'est Pulchérie Jaquat
qui a pris la relève.

Produits caprins fermiers frais et vieillis

1700, Route 148
Papineauville
819 427-5700

La Trappe à fromage de l'Outaouais mi-industrielle
La petite entreprise, qui a aujourd'hui bien grandi, offre
non seulement une gamme de fromages faits sur place,
mais un choix impressionnant de fromages d'autres
régions du Québec.

200, rue Bellehumeur (adresse principale)
Gatineau
819 243-6411
www.trappeafromage.com

PRÉSENTATION DE MES COLLABORATEURS

PATRICK TIRARD-COLLET a enseigné la transformation des produits laitiers et le contrôle de la fabrication fromagère à l'Institut de technologie agroalimentaire, campus de Saint-Hyacinthe, de 1987 à 2011. En 1998, il a participé activement à la mise en place du programme de certification en contrôle de fabrication artisanale de fromage.

Il a contribué à la création et à l'organisation du concours des fromages fins du Québec, Sélection Caseus, pour lequel il a été le président du jury de 1999 à 2011.

Il a récemment quitté l'enseignement, mais demeure un ardent défenseur des transformateurs alimentaires du Québec, en particulier des artisans. C'est en premier lieu comme amateur qu'il s'investit dans la promotion de l'excellence de nos fromages québécois.

ANDRÉ FOUILLET est arrivé au Québec en 1977, mettant immédiatement un savoir-faire acquis en France au service des grandes coopératives laitières pour lesquelles il a développé plusieurs fromages primés. Plus tard, il a choisi de travailler auprès de fromagers artisans pour les conseiller, soit au cours d'une transition du conventionnel au biologique, soit pour améliorer la culture des champs, qui représente l'alimentation du troupeau, soit pour créer de nouveaux fromages, ou encore, pour aider au démarrage d'un atelier.

Conseiller en techniques laitières et fromagères, il partage sa passion et ses connaissances par la formation en entreprise et par l'enseignement qu'il donne aux adultes dans les institutions.

YOLAINE VILLENEUVE œuvre, depuis bientôt 20 ans, au Conseil des industriels laitiers du Québec, l'association qui représente les entreprises de transformation laitière du Québec (lait de vache). À titre de directrice, Affaires publiques et corporatives, elle voit principalement aux communications. D'abord lancé conjointement avec l'Association laitière de la chèvre du Québec, le projet *Prenez la Route des fromages fins du Québec*, un guide agrotouristique devenu site Internet, est maintenant sous sa responsabilité.

Elle siège au comité directeur du concours des fromages fins du Québec, Sélection Caseus, depuis sa création en 1999.

Elle a collaboré à divers projets, dont celui d'une définition du terme « fromage fermier », ainsi qu'à la mise sur pied du nouveau Centre d'expertise fromagère du Québec.

YANNICK ACHIM a, depuis toujours, entretenu un lien étroit avec le « fromage ». Au terme de ses études universitaires, l'occasion de devenir fromager marchand s'est présentée et il l'a saisie. Depuis 1998, il a fondé six fromageries.

La passion et la volonté de répondre le mieux possible à sa clientèle l'ont conduit dans les régions du Québec et quelques pays d'Europe, à la recherche des fromages les plus fins, porteurs de traditions et de savoir-faire.

Être fromager marchand, c'est s'engager dans une voie exigeant une formation rigoureuse, une désignation à laquelle Yannick croit profondément, et dont il est l'initiateur. Dans ce même esprit, il a conçu un programme de formation pointue qui s'adresse aux étudiants d'écoles hôtelières et agit à titre d'expert-conseil.

REMERCIEMENTS

À Patrick Tirard-Collet, mon complice de la première heure. Pour le partage de tes connaissances, en particulier en matière de production fromagère. Tu es un guide hors pair dans l'aventure sensorielle. Ton talent de vulgarisateur nous permet de mieux comprendre la complexité du monde fromager.

À André Fouillet, pour tes convictions et ta passion contagieuse. J'aime entendre tes propos sur l'évolution de la fromagerie artisanale ou sur le lait dans sa forme originelle. Tu transmets bien tes croyances profondes sur les bonnes pratiques en agriculture autant que ton admiration pour quelques beaux troupeaux dans nos campagnes.

À Yolaine Villeneuve, pour ta générosité dans la transmission d'informations accumulées au cours des nombreuses années consacrées au secteur laitier. Pour ta détermination et ton élan à faire équipe pour la survie de projets témoignant de l'évolution de l'industrie fromagère.

À Yannick Achim, pour ta disponibilité et ton accueil. Pour m'avoir facilité la tâche lors de quelques prises de photos. Pour avoir partagé ta vision du plateau simplifié autant que pour nous avoir transmis quelques astuces de la découpe.

Votre enthousiasme et votre générosité m'ont permis de livrer des informations précises qui valorisent justement les fromages et ses artisans.

À tous les fromagers artisans. Je vous remercie d'avoir collaboré à cet ouvrage. Sachez que votre engagement est remarqué et apprécié de tous.

À tous mes amis et lecteurs, je vous remercie de m'encourager.

Velouté de chèvre frais

Cette recette est un petit clin d'œil à Lynda Rousseau qui a offert cette succulente idée gourmande avant la fermeture de la Chèvrerie Barrousse. Merci !

6 PORTIONS

500 ml (2 tasses)	fromage de chèvre frais
250 ml (1 tasse)	lait de chèvre
140 ml (½ tasse)	sucre glace tamisé
60 ml (¼ tasse)	sirop d'érable

À l'aide d'un fouet, bien mixer tous les ingrédients.

Verser dans des coupes.

Agrémenter d'une gelée de sureau.

Crémeux au Louché de brebis et marmelade de pommes

Les fromages du verger

1 contenant de 200 g (7 oz)   fromage Le Louché

Marmelade

POUR 1 LITRE (4 TASSES)

2 litres (8 tasses)	pommes pelées, évidées, taillées en quartiers
500 ml (2 tasses)	cidre tranquille
375 ml (1½ tasse)	sucre
2,5 ml (½ c. à thé)	cannelle moulue
1,25 ml (¼ c. à thé)	clou de girofle moulu
1,25 ml (¼ c. à thé)	piment de la Jamaïque moulu

Dans une casserole, mettre les pommes et le cidre. Cuire à feu moyen jusqu'à ce que les pommes soient tendres, en remuant occasionnellement. À l'aide d'un presse-purée, écraser grossièrement.

Ajouter le sucre, la cannelle, le clou de girofle et le piment de la Jamaïque. Bien mélanger. Faire mijoter à feu moyen jusqu'à épaississement de la marmelade et à l'obtention d'une couleur brun ambré.

Remplir des bocaux propres et chauds pour une conservation au réfrigérateur ou au congélateur.

Au service, étaler dans une coupe une portion de fromage frais, puis environ 30 ml (2 c. à soupe) de marmelade de pommes. Ajouter finalement une part égale de fromage sur la marmelade.

Poires poêlées et gratinées à La Tomme des Joyeux Fromagers

Chèvrerie Fruit d'une passion

4 PORTIONS

2	poires fraîches
15 ml (1 c. à soupe)	beurre
30 ml (2 c. à soupe)	sirop d'érable
60 g (2 oz)	fromage La Tomme des Joyeux Fromagers

Choisir des poires encore fermes, sans qu'elles soient vertes. Trancher sur le long (3 à 4 mm ou ⅛ pouce d'épaisseur).

Dans une poêle, faire fondre le beurre. Ajouter les tranches de poire et les colorer. Verser le sirop d'érable sur les fruits.

Réduire la température. Tourner les poires dans le sirop jusqu'à caramélisation. Retirer du feu.

Étaler les poires caramélisées sur une tôle à biscuits et déposer une fine tranche de fromage sur les fruits. Gratiner au four.

Servir sans attendre.

FROMAGES • Artisans du Québec

Crêpes au fromage Tête à Papineau

Fromagerie Montebello

4 PORTIONS

250 ml (1 tasse)	mélange à crêpe et à gaufre du Moulin A. Coutu
250 ml (1 tasse)	lait

Faire cuire les crêpes dans une poêle en fonte huilée. Réserver.

Garniture

1	oignon doux tranché
200 g (7 oz)	champignons bruns tranchés
4	feuilles de betterave sans tige
15 ml (1 c. à soupe)	beurre
	poivre blanc en grains et fleur de sel
200 g (7 oz)	fromage Tête à Papineau tranché

Préchauffer le four à 120 °C (250 °F).

Dans une poêle, faire fondre le beurre et faire revenir l'oignon et les champignons à feu moyen, jusqu'à l'obtention d'une belle coloration. Poivrer généreusement, saler légèrement.

Sur chaque crêpe, étaler une feuille de betterave, déposer la garniture, le fromage et rouler la crêpe.

Déposer sur une tôle à biscuits et réchauffer au four jusqu'à ce que le fromage soit fondu.

www.moulincoutu.com

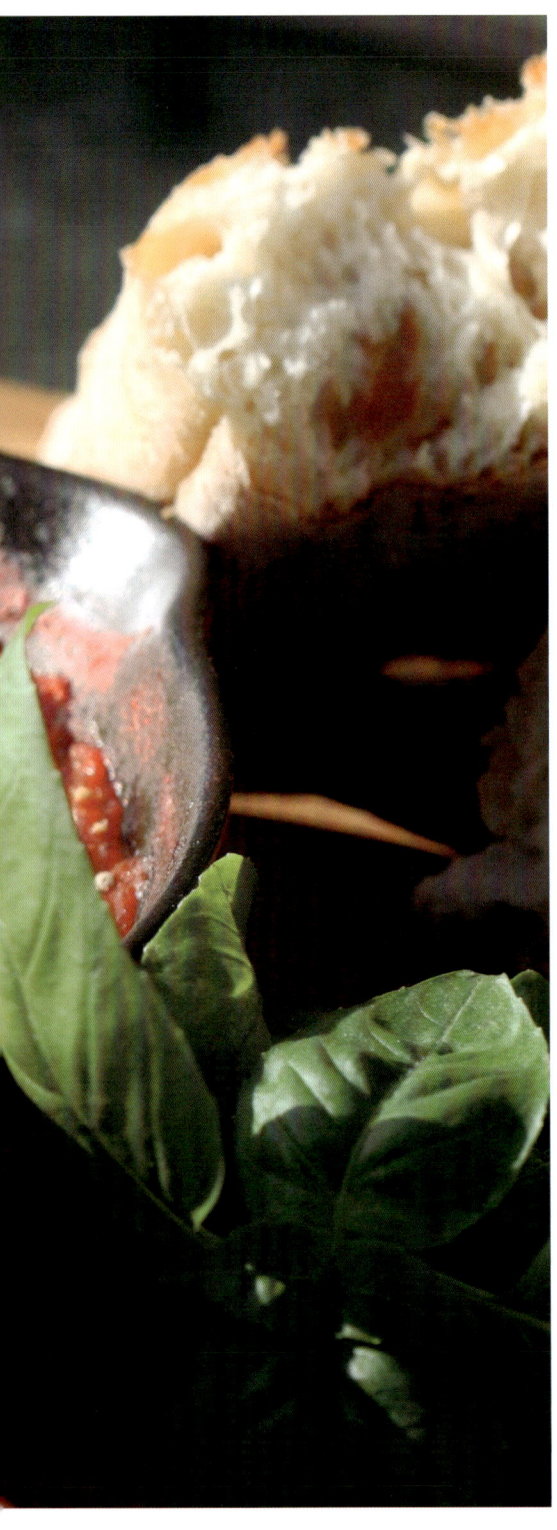

Convivial au Grondines

Fromagerie des Grondines

4 PORTIONS

7	grosses tomates du jardin
	ou
10	tomates italiennes
200 g (7 oz)	fromage Grondines
3 gousses	ail
	huile d'olive pressée à froid
	feuilles de basilic frais
	poivre blanc en grains

Dans un faitout, plonger les tomates dans l'eau bouillante. Lorsque la pelure fend, retirer les tomates et les peler. Réserver.

Peler les gousses d'ail. Dans une poêle en fonte, chauffer l'huile d'olive à feu doux et déposer les gousses entières. Laisser confire environ 3 minutes. Elles ne doivent pas brunir.

Verser les tomates dans la poêle et laisser mijoter à feu moyen fort environ 15 minutes en les écrasant légèrement.

Étaler de généreuses tranches de fromage Grondines sans remuer. Laisser fondre le fromage.

Garnir de feuilles de basilic frais et de poivre en grains concassés.

Déposer la poêle de fonte au centre de la table. Les convives pourront y tremper du pain baguette.

Entrée de cèpes d'Amérique gratinés au Mont-Jacob

Fromagerie Blackburn

4 PORTIONS

1 sac de 28 g (1 oz)	champignons séchés du P'tit grèbe
15 ml (1 c. à soupe)	crème 35 %
100 g (3½ oz)	fromage Le Mont-Jacob râpé
1	œuf, blanc et jaune séparés
1 gousse	ail émincé
5 ml (1 c. à thé)	beurre
	sel et poivre du moulin
	persil frais

Préchauffer le gril du four.

Réhydrater les champignons dans 250 ml (1 tasse) d'eau tiède environ 20 minutes. Égoutter.

Dans une poêle, faire fondre le beurre à feu doux. Ajouter les champignons, l'ail et poivre. Faire dorer 5 à 7 minutes en remuant souvent.

Dans un petit bol, battre le blanc d'œuf avec un peu de sel. Réserver.

Dans un grand bol, mélanger le jaune d'œuf avec la crème et 40 g (1½ oz) de fromage. Verser le mélange de champignons et le blanc d'œuf battu.

Verser l'appareil dans des ramequins, couvrir de fromage. Gratiner sous le gril du four environ 10 minutes.

www.champignonsaupetitgrebe.com

Tzaziki

La fromagerie les folies bergères

150 g (5 ½ oz)	fromage La Petite Folie nature à température ambiante
5 ml (1 c. à thé)	fleur d'ail
	ou
1	gousse d'ail écrasée
1	mini concombre râpé avec son jus

Combiner tous les ingrédients et servir.

Raclette de patate douce au Bleu de la Moutonnière réduction de vinaigre balsamique

Fromagerie La Moutonnière

4 PORTIONS

2	patates douces
90 g (3 oz)	fromage Bleu de la Moutonnière

Éplucher les patates douces et les faire cuire. Tailler 8 tranches épaisses.

Étaler le fromage sur 4 tranches de patates douces et déposer soit dans un four à raclette ou sous le gril du four pendant quelques minutes, jusqu'à ce que le fromage soit fondu.

Déposer chacune d'elles sur une tranche de patate douce sans fromage.

Réduction

15 ml (1 c. à soupe)   vinaigre balsamique

Dans une petite casserole, faire réduire le vinaigre balsamique jusqu'à l'obtention d'un sirop léger.

Verser un filet sur le fromage fondu.

Sandwich au Rassembleu

Les Fromagiers de la Table Ronde

4 PORTIONS

1	pain baguette artisanal
250-300 g (9-10 ½ oz)	fromage Le Rassembleu

Préchauffer le gril à sandwich.

Tailler le pain baguette sur le sens de la longueur et étaler le fromage.

Faire chauffer dans le gril.

Grilled cheese au Micherolle sur pain aux raisins

Fromagerie Mes Petits Caprices

4 PORTIONS

8	tranches de pain artisanal aux raisins
200 g (7 oz)	fromage Le Micherolle tranché

Préchauffer le gril à sandwich.

Étaler le fromage entre deux tranches de pain et faire chauffer dans le gril.

Le Clandestin sur coussinet compote de petits fruits aromatisée au Val Ambré

Fromagerie Le Détour

8 BOUCHÉES

150 g (5½ oz)	fromage Le Clandestin taillé en 8
8	coussinets de pâte feuilletée

Compote

POUR 750 ML (3 TASSES)

200 g (7 oz)	fraises fraîches
200 g (7 oz)	canneberges surgelées
150 g (5½ oz)	sucre blanc
50 ml (3 c. à soupe + 1 c. à thé)	sirop d'érable
50 ml (3 c. à soupe + 1 c. à thé)	Val Ambré du Domaine Acer

Dans une casserole, mettre les fruits et le sucre. Cuire à feu moyen doux environ 10 minutes en remuant souvent.

Verser le sirop d'érable et écraser les fruits grossièrement. Laisser mijoter 5 à 7 minutes, jusqu'à l'obtention d'une consistance légèrement sirupeuse. Verser le Val Ambré et laisser mijoter 2 minutes supplémentaires.

Servir la compote avec Le Clandestin, tous deux à température ambiante.

www.domaineacer.com

Crottins de chèvre chauds

Fromagerie Caitya du Caprice Caprin

4 PORTIONS

2	crottins
4	tranches de pain baguette
4	pacanes
5 ml (1 c. à thé)	miel de sarrasin

Préchauffer le gril du four.

Sectionner les crottins en deux sur le sens de l'épaisseur et les déposer sur du pain baguette tranché.

Déposer sous le gril du four 5 à 7 minutes.

Sortir du four, coiffer d'une pacane, verser un filet de miel et servir sans attendre.

Soupe à l'oignon et à l'ail croûtons gratinés au cheddar extra fort

4 PORTIONS

30 ml (2 c. à soupe)	huile d'olive
3	oignons doux, tranchés à la mandoline
4 gousses	ail émincé
1 litre (4 tasses)	bouillon de légumes
15 ml (1 c. à soupe)	persil
1 feuille	laurier
	sel et poivre du moulin
90 g (3 oz)	cheddar extra fort
4 tranches	pain baguette

Préchauffer le gril du four.

Dans un chaudron, verser l'huile et colorer les oignons en remuant constamment.

Ajouter l'ail et poursuivre la cuisson 1 ou 2 minutes. Verser le bouillon, ajouter le persil et le laurier. Assaisonner.

Porter à ébullition, réduire la chaleur et laisser mijoter 15 à 20 minutes.

Pendant ce temps, déposer le fromage sur les croûtons. Gratiner sous le gril du four.

Servir en accompagnement du bol de soupe.

Recettes

PIED-DE-VENT

Fromage au lait de vache, pâte molle, croûte mixte affinée en surface, affiné 60 jours

Apparence et odeur :	croûte plissée d'un rose orangé, pâte couleur de beurre, odeur de beurre marquée et rustique
Texture :	souple et crémeuse
Plaisirs en bouche :	corsé, crème, noisette, note végétale, légèrement salé

La Tomme des Demoiselles
Fromage au lait de vache, pâte ferme pressée, croûte lavée

FROMAGES • Artisans du Québec

Lucie et Jérémie Arseneau
FROMAGERIE DU PIED-DE-VENT
Havre-aux-Maisons

Depuis 1998

Particularités :   fromages fermiers au lait non pasteurisé de vache du troupeau de race anadienne

Avec la dernière exploitation laitière remontant à quelques dizaines d'années, Jérémie Arseneau décide d'importer un troupeau de bovins laitiers, permettant aux Madelinots de renouer avec la tradition laitière et ainsi dynamiser l'agriculture aux Îles-de-la-Madeleine.

C'est la race Canadienne, une petite vache noire issue du patrimoine québécois, qui allait mettre en valeur le terroir des îles. Évincée des fermes industrielles, elle s'insérait bien dans la vision du producteur ; elle n'allait pas être surmenée. Les fourrages et l'air salin donneraient au lait un arôme du large.

Les bovins sont arrivés le 11 octobre 1998 et, dès le lendemain, la première fabrication de fromage avait lieu.

Îles-de-la-Madeleine

LE CLANDESTIN

Fromage au lait de brebis et de vache, pâte molle, croûte lavée, affiné 30 jours

Apparence et odeur :	croûte orangée, pâte beige, coulante
Texture :	molle
Plaisirs en bouche :	arôme de foin, légèrement salé

La Dame du Lac
Fromage au lait de vache, pâte demi-ferme, croûte fleurie
Sentinelle
Fromage au lait de chèvre, pâte molle, croûte lavée

À découvrir :	Magie de Madawaska, Marquis de Témiscouata, Fleur de Brebis, Citadelle, Grey Owl et Verdict d'Alexina
À découvrir sur place :	Monterey Jack, fromages frais en grains, nature et aromatisés, Colby, cheddar au porto, à la bière, fumé au bois d'érable, Le Petit Émile au lait de chèvre et de brebis de type cheddar

FROMAGES • Artisans du Québec

Ginette Bégin et Mario Quirion
FROMAGERIE LE DÉTOUR
Notre-Dame-du-Lac

Depuis 1999

Particularités :   fromages au lait de vache, de brebis et de chèvre

Située au cœur de la région du Témiscouata, cette fromagerie a vu le jour parce que Ginette et Mario ont cru fermement au potentiel de qualité et de typicité que pouvait offrir le terroir, en plus d'être eux-mêmes de grands amateurs de fromage.

Si dans une zone forestière, la présence d'une fromagerie artisanale peut surprendre, les passants ont tôt pris l'habitude de s'arrêter pour saluer les propriétaires sympathiques et faire bonne provision de fromages, bien entendu.

LA TOMME DU KAMOURASKA

Fromage au lait de brebis, pâte demi-ferme, croûte lavée, affiné 4 mois

Apparence et odeur :	croûte couleur blé, rendue uniforme par un brossageç en fin d'affinage, pâte lisse jaune beurre
Texture :	veloutée et légèrement friable avec la maturation
Plaisirs en bouche :	saveurs multiples de sucré avec des notes d'acidité, noisette, amande, herbe coupée en saison de pâturage

Le Vlimeux
Fromage au lait de brebis, pâte demi-ferme, croûte lavée et fumée à l'ancienne
La Tomme au Poivre
Fromage au lait de brebis, pâte demi-ferme, avec grains de poivre noir, croûte lisse et brossée

À découvrir sur place : deux nouveaux fromages, le premier au lait de vache, le second au lactosérum de brebis, ainsi que le saucisson à l'agneau et à la Tomme du Kamouraska, le râpé de brebis et la faisselle de brebis

FROMAGES • Artisans du Québec

Rachel White et Pascal-André Bisson
FROMAGERIE LE MOUTON BLANC
La Pocatière

Depuis 2004

Particularités :   fromages fermiers au lait cru de brebis du troupeau de races East Friesian et Lacaune

Rachel ne comptait pas les moutons pour dormir, elle en rêvait ! Après un retour aux études en production animale, elle a été séduite par l'élevage de brebis laitières. Lors d'un séjour au Pays Basque français, elle a vécu le quotidien des bergers des Pyrénées. Pascal-André est venu la rejoindre et ils ont fait des projets. La production laitière a débuté en 2000.

Puis on a construit la fromagerie à 30 mètres de la bergerie, adossée à une petite montagne, appelée *monadnock,* comme il s'en trouve dans le paysage du Kamouraska. Ainsi, les caves d'affinage souterraines procurent des conditions optimales au vieillissement des meules.

La mission et la philosophie des artisans reposent sur le développement durable, dont l'utilisation de l'énergie solaire, et ce, dès le départ. L'entreprise compte parmi les quinze du secteur laitier à être reconnues comme des innovateurs énergétiques de l'industrie canadienne.

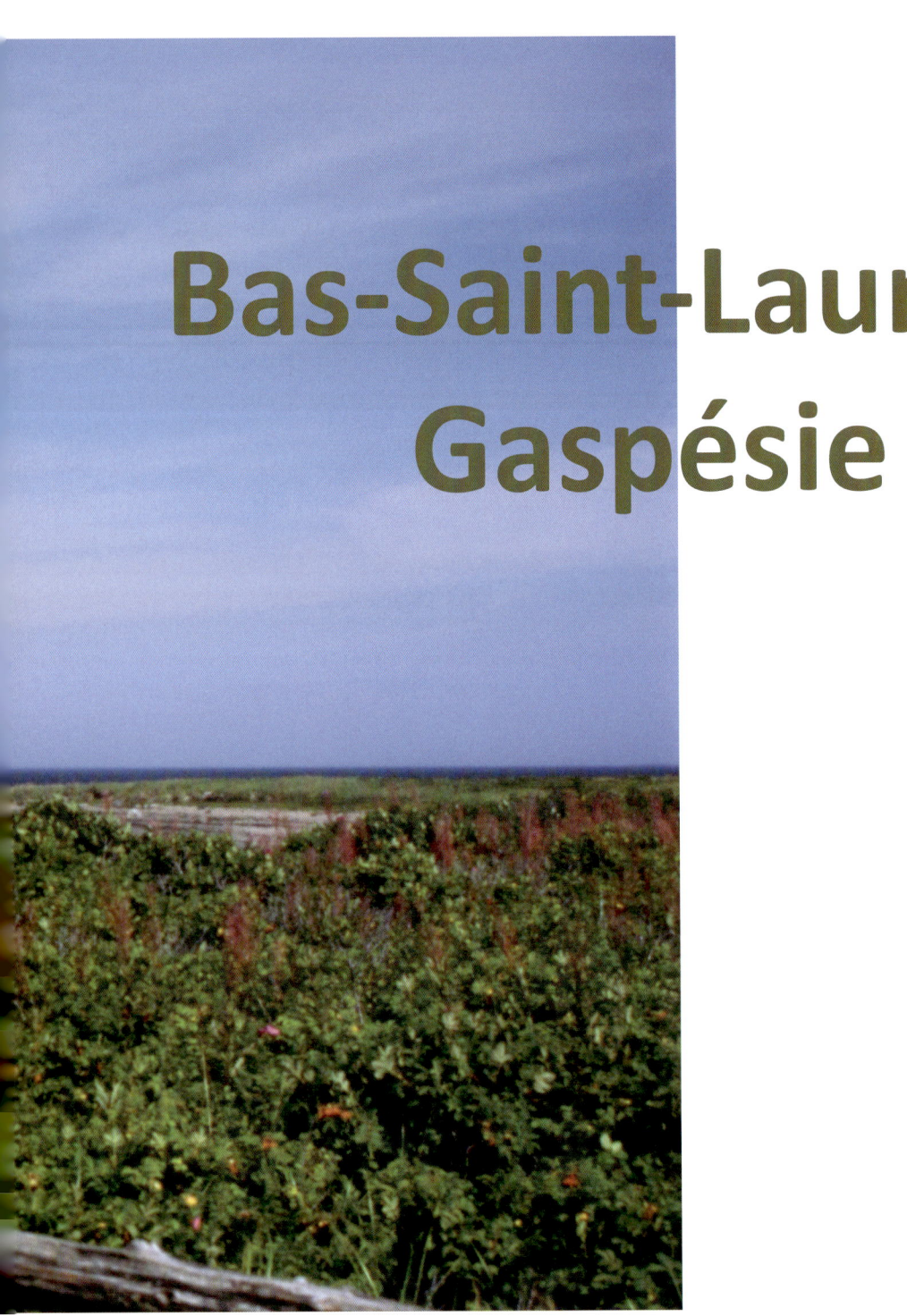

Bas-Saint-Laurent Gaspésie

Il a fallu qu'une poignée d'aventuriers aient le béguin pour le projet. Armés d'énergie et d'une bonne dose de créativité, ils se sont organisés pour bâtir une fromagerie sur l'Île-aux-Grues. Sur une île, les choses ne se font pas comme ailleurs…

Ici, cinq fermes partenaires, membres de la coopérative fondée par les producteurs laitiers, dont Frédéric Poulin, Denis Bernier, Patrice Painchaud, Patrick Vézina et Denis Boulanger, approvisionnent la fromagerie. Christian Vinet dirige l'entreprise.

Au-delà de la fabrication fromagère, il y a la création d'emplois et la remise en culture des terres et des battures. Tout cela contribue bien à la croissance économique de l'île.

Frédéric Poulin, Denis Bernier, Patrice Painchaud, Christian Vinet, Patrick Vézina
FROMAGERIE DE L'ÎLE-AUX-GRUES
Isle-aux-Grues

Depuis 1977

Particularités :   utilisation exclusive du lait non pasteurisé de vache produit par les fermes laitières sur l'île pour la fabrication des fromages

LE RIOPELLE DE L'ISLE

Fromage au lait de vache, pâte molle (triple crème), croûte fleurie

Apparence et odeur :	odeur lactique de crème, de beurre
Texture :	crémeuse, fondante
Plaisirs en bouche :	beurre, champignons et sel

Le Mi-Carême
Fromage au lait de vache, pâte molle, croûte mixte

Tomme de Grosse-Île
Fromage au lait de vache de race Brune suisse, pâte demi-ferme, croûte lavée

Cheddar Île-aux-Grues
Fromage au lait de vache, pâte ferme, sans croûte, doux, moyen et vieilli 1 et 2 ans

Située entre forêt et lac, la fromagerie familiale est l'aboutissement du rêve d'Aagje, une agronome belge, venue s'installer à Saint-Damien-de-Buckland, il y a de cela une douzaine d'années.

Pratiquant une agriculture biologique et portant un amour visible pour ses bêtes, elle vit sur cette belle terre vallonnée avec son conjoint, Gary Cooper, et les enfants. Ici, les visiteurs ont libre accès aux bâtiments, où ils peuvent observer les cycles de la vie à la ferme.

Aagje Denys
CASSIS ET MÉLISSE
Saint-Damien-de-Buckland

Depuis 2004

Particularités :	fromages fermiers au lait biologique de chèvre du troupeau de races mixtes

LE GALARNEAU

Fromage au lait de chèvre, pâte demi-ferme, croûte lavée, affiné 45 jours

Apparence et odeur :	croûte d'un rose orangé lisse, tachée de moisissures blanches naturelles
Texture :	pâte onctueuse, souple, lisse
Plaisirs en bouche :	fraîcheur, légèreté, richement aromatique, notes de beurre et de crème, goût caprin discret

Premier fromage affiné au lait de chèvre à être certifié biologique au Québec

Le Tire-Lune
Fromage au lait non pasteurisé de chèvre, pâte ferme, demi-cuite, croûte mixte
La Faisselle
Fromage au lait de chèvre, pâte fraîche, caillé lactique, sans affinage

À *découvrir* :	Chèvre Frais, nature ou aromatisé, Fromage Blanc à tartiner, nature ou aromatisé ainsi que le lait de chèvre

Chaudière-Appalaches

LE MAMIROLLE

Fromage au lait de vache, pâte demi-ferme, croûte lavée, affiné 80 à 90 jours sur planches de pin

Apparence et odeur :	croûte orangée uniforme, odeur prononcée, intense
Texture :	pâte ivoire, souple et moelleuse
Plaisirs en bouche :	salé, sucré, fruité, lactique, animal, longueur en bouche

Raclette des Appalaches
Fromage au lait de vache, pâte demi-ferme, croûte lavée

Le Louis Dubois
Fromage au lait de vache, pâte demi-ferme, croûte lavée

Le Délice des Appalaches
Fromage au lait de vache, pâte demi-ferme, croûte lavée

La Clef des Champs
Fromage au lait de vache, pâte demi-ferme, croûte lavée

FROMAGES • Artisans du Québec

Alain Dubois
FROMAGERIE ÉCO-DÉLICES
Plessisville

Depuis 1989

Particularités :   fromages au lait de vache, provenant de troupeaux de Saint-Pierre-Baptiste et de Sainte-Sophie-d'Halifax, au pied des Appalaches

À une époque, on fabriquait ici du yogourt avec le lait biologique de la ferme familiale. La demande devenant faible pour ce produit de niche, faut-il le croire, on s'est tourné vers la fabrication fromagère.

Voici une entreprise qui est demeurée artisanale depuis le début des années 1990. Les membres de la famille Dubois, dont le père Gérard et ses fils Alain et Renald, ont d'abord transformé la production laitière de la ferme familiale.

Aujourd'hui, le volume de lait produit à la ferme ne suffit plus à alimenter la fromagerie. Cependant, Frédéric, fils d'Alain, l'exploite toujours, un ambassadeur de la septième génération d'agriculteurs.

Chantal, amoureuse des chèvres, et Raphaël, amoureux de Chantal et de l'agriculture, s'installent à Sainte-Sophie d'Halifax au pied des Appalaches après avoir sillonné le Québec pour trouver « la » terre rêvée, après deux ans de recherche.

Le petit troupeau de 60 chèvres en 2000 a su grandir, tout en respectant les paramètres de l'artisanal. Devant la popularité croissante de leur production, la construction de la fromagerie à la ferme s'est imposée en 2008.

FROMAGES • Artisans du Québec

Chantal Mathieu et Raphaël Morin
CHÈVRERIE MATHURIN
Sainte-Sophie-d'Halifax

Depuis 2008

Particularités :   produits caprins fermiers du troupeau majoritairement de race Alpine

LE CORNEBIQUE

Fromage au lait de chèvre, pâte molle, croûte naturelle, affiné 10 jours

Apparence et odeur :   peau crapaudée, beige-jaune, tournant au blanc
Texture :   moelleuse
Plaisirs en bouche :   lactique, floral, miel

Le Fêta Pénélope
Fromage de type feta au lait de chèvre, pâte fraîche, nature ou conservé dans l'huile de tournesol biologique, sans croûte

Fromage Frais
Fromage de lait de chèvre, pâte fraîche, sans croûte

À découvrir :   lait de chèvre, yogourt ainsi que le de Corne et de Glace, un type *gelato* au lait de chèvre

Si l'artisan a d'abord été attiré par la fabrication de la bière, son premier emploi étudiant l'a dirigé tout droit en fromagerie. C'était aussi pour lui la confirmation de son attrait pour les régions. Il s'est installé dans les Bois-Francs.

Le fromager a gravi les échelons jusqu'à s'occuper de la fabrication dans quelques fromageries de renom. Puis, souhaitant créer « son » fromage, il a été accueilli par Lucille Giroux et Alastair MacKenzie dans leur fromagerie artisanale.

« Le fromage, c'est comme une planète. C'est un système isolé où les conditions sélectionnent la vie qui peut s'y établir. On peut passer son existence à tenter de comprendre ce qui se passe. Être fromager, c'est créer, élever et consommer. C'est aussi recommencer en espérant faire un monde meilleur... »

FROMAGES • Artisans du Québec

Simon Hamel
FROMAGERIE L'ATELIER
Sainte-Hélène-de-Chester

Depuis 2011

Particularités : lait de vache du troupeau de race Jersey de la ferme de Marie-Claude et Stéphane Cloutier située dans les montagnes de Sainte-Hélène-de-Chester

20 VACHES

Fromage au lait de vache, pâte demi-ferme, croûte lavée, affiné 80 jours

Apparence et odeur : croûte raboteuse d'un rose orangé, légèrement humide, pâte présentant quelques ouvertures, de couleur crème à jaune beurre en vieillissant, odeur lactique, champignons, cave, torréfié, caramel salé

Texture : croûte agréablement sablonneuse, pâte finement granuleuse, souple, puis fondante

Plaisirs en bouche : sel, légère amertume, noix, champignons, notes fumées

Le chèvre à Ma Manière
Caillé lactique de lait pasteurisé de chèvre, croûte vermicullée

Avec au cœur le rêve d'élever des agneaux et de vendre leur laine, Lucille Giroux et Richard Caisse, son mari, quittent Montréal pour s'établir à Sainte-Hélène-de-Chester en 1977.

Faisant l'élevage d'agneaux de boucherie dès 1978, l'agricultrice commence à traire les femelles de son troupeau en 1992, histoire d'expérimenter la fabrication de fromage. Ravie, elle se penche sur la possibilité d'importer des brebis laitières.

Après deux ans de recherche et de négociations, elle réalise ce tour de force. Les toutes premières brebis de race East Friesian d'origine suédoise ont posé la patte en sol nord-américain en 1995.

En 2000, Alastair MacKenzie, un Néo-Zélandais, s'associe à Lucille, riche de son expérience en élevage ovin à l'autre bout de la planète.

Lucille Giroux
LA MOUTONNIÈRE
Sainte-Hélène-de-Chester

Depuis 1993

Particularités : fromages fermiers au lait de brebis du troupeau de race East Friesian, lait de vache du troupeau de race Jersey de la ferme de Marie-Claude et Stéphane Cloutier située dans les montagnes de Sainte-Hélène-de-Chester

BLEU DE LA MOUTONNIÈRE

Fromage au lait de brebis, pâte molle, persillée et à croûte naturelle, affiné 2 à 3 mois

Apparence et odeur : croûte naturelle grisâtre, odeur de cave et d'épices
Texture : crémeuse et onctueuse
Plaisirs en bouche : doux, épicé, animal, légèrement salé

Feta de brebis
Fromage de type feta au lait de brebis, pâte molle, friable, conservé dans la saumure, conditionné dans l'huile d'olive extra-vierge et fines herbes, sans croûte

Le Sein d'Hélène
Fromage au lait de brebis et de vache, pâte demi-ferme, croûte naturelle lavée

Foin d'odeur
Fromage au lait de brebis, pâte molle, croûte fleurie

Fleurs des Monts
Fromage au lait de brebis, pâte demi-ferme, croûte naturelle

À découvrir sur place, ainsi qu'à La Moutonnière du marché Jean-Talon : fromages frais, Fleurs des Monts au carvi sauvage et Neige de brebis, lait, beurre, babeurre et yogourt glacé à l'érable

Joseph-Déus Morin avait installé ses fils sur des terres à Sainte-Élizabeth-de-Warwick, nommant la ferme « Louis d'Or ». Jean et son frère Dominic sont les fiers ambassadeurs de la quatrième génération à l'exploiter. Ils sont passés d'une ferme laitière conventionnelle à une production biologique au milieu des années 1980.

« La folie de fabriquer un fromage fin mijotait depuis longtemps, lance Jean. On avait rencontré un fromager français un peu "farfelu" qui avait fait valoir la qualité de notre lait biologique. Ça m'avait allumé. »

Puis, il y avait le presbytère de la paroisse… « Un bâtiment qui dormait, juste en face. Ça faisait partie de la famille, le presbytère. » Soixante-dix ans après sa construction, il s'est vu transformé en fromagerie artisanale.

FROMAGES • Artisans du Québec

Jean Morin
FROMAGERIE DU PRESBYTÈRE
Sainte-Élizabeth-de-Warwick

Depuis 2007

Particularités :   fromages fermiers au lait de vache biologique du troupeau de la ferme Louis d'Or

LOUIS D'OR

Fromage au lait cru de vache, pâte ferme (pressée, cuite), croûte lavée, affiné 9 à 18 mois

Apparence et odeur :   meule imposante de 40 kg, croûte lavée, odeur végétale
Texture :   lisse et fondante en bouche
Plaisirs en bouche :   loral, noisette, complexité et subtilité de saveurs après 9 mois de maturation

« Lavé à l'eau bénite, avec une odeur de soutane », lance Jean en riant.

Le Bleu d'Élizabeth
Fromage au lait non pasteurisé de vache, pâte demi-ferme et persillée, croûte naturelle

Le Champayeur
Fromage au lait de vache, pâte molle, croûte fleurie

Laliberté
Fromage au lait de vache, pâte molle (triple crème), croûte fleurie

Le Brie Paysan
Fromage au lait de vache, pâte molle, croûte fleurie

Le Pionnier
Fromage au lait cru de vache et de brebis, pâte ferme (pressée-cuite), croûte lavée, réalisé en collaboration avec la Fromagerie Nouvelle France

L'EDELWEISS

Fromage de type camembert au lait de chèvre, pâte molle, croûte fleurie

Apparence et odeur :	crème fraîche, beurre et champignons
Texture :	moelleuse, légèrement crayeuse au début, molle à coulante vers la fin
Plaisirs en bouche :	légèrement salé, beurre, crème fraîche et champignons (croûte)

Le Savoureux de Biquette
Fromage au lait de chèvre, pâte molle, croûte lavée
Le Caprium
Fromage au lait de chèvre, pâte fraîche, croûte naturelle vermiculée
L'Alpin
Fromage au lait de chèvre, pâte fraîche, nature ou aromatisé, sans croûte
Les Boules de Neige
Fromage au lait de chèvre, pâte fraîche, conservé dans l'huile de pépins de raisin et fines herbes, sans croute

À découvrir :   yogourt Le Caprinou

Maryse et François Clément
FROMAGERIE PAMPILLE ET BARBICHETTE
Sainte-Perpétue

Depuis 2006

Particularités : fromages fermiers au lait de chèvre du troupeau de race Alpine

Arrivés au Québec de la région de Fribourg en Suisse, en 1993, Maryse et François souhaitaient vivre de l'agriculture, poursuivant ce qu'ils avaient entrepris en Suisse, alors qu'ils élevaient des vaches laitières, ignorant tout de la chèvre.

Ils ont d'abord acheté deux chèvres, Fanny et Frisette, au grand bonheur de leurs garçons. L'élevage caprin s'installe en 2000 de l'autre côté de la route.

L'année suivante, le secteur est en crise. « En tant qu'agriculteurs, enfants et petits-enfants d'agriculteurs, c'est impensable de se lever tous les matins, de nourrir les animaux et de jeter leur lait. Il faut avoir l'agriculture dans les veines pour en faire un métier. On venait de commencer l'élevage et on ne voulait pas s'arrêter. » Ils se sont donc tournés vers la transformation.

Centre-du-Québec

Prenant la relève de la ferme familiale en 2010, Marie-Chantal et son frère Jean-Paul la vident de ses vaches laitières et accueillent 200 brebis et 75 agnelles de race East Friesian. Jean-Paul, c'est le berger du troupeau.

Marie-Chantal, qui a le fromage dans les veines, est prête à voyager pour parfaire ses connaissances.

De retour au Québec, elle sera consultante et formatrice, conseillère technique et conférencière.

Sensibles à l'Histoire du Québec et très attachés à la famille, frère et sœur baptisent le premier fromage « Zacharie Cloutier », en l'honneur de leur ancêtre venu de Mortagne-sur-Sèvre et établi à Château-Richer en 1634.

Marie-Chantal Houde
FROMAGERIE NOUVELLE FRANCE
Racine

Depuis 2010

Particularités :   fromages fermiers au lait non pasteurisé de brebis du troupeau de race East Friesian

ZACHARIE CLOUTIER

Fromage au lait de brebis, pâte ferme (pressée mi-cuite), croûte lavée, affiné 6 mois

Apparence et odeur :   croûte orange brûlé, au motif de « ceinture fléchée pâte ivoire, avec quelques ouvertures mécaniques

Texture :   ferme, souple et soyeuse

Plaisirs en bouche :   lactique de lait de brebis, caramel, brioche et noix de coco

Le Pionnier
Fromage au lait cru de brebis et de vache, pâte ferme (pressée-cuite), croûte lavée, réalisé en collaboration avec la Fromagerie du Presbytère

À découvrir à la Fromagerie du Presbytère et au marché général de Racine :
Les Fromagettes au lait de vache, pâte lactique battue et aromatisée aux fines herbes et à l'ail, ainsi qu'aux 3 poivres, sans croûte

En 1994, lors d'un voyage en Amérique latine, Isabelle et Alain s'arrêtent chez un paysan qui élevait trois ou quatre chèvres. Il leur sert un café au lait… de chèvre. Ils sont séduits !

L'élevage devient vite une passion, tout comme la transformation du lait en fromage. Le rêve a débuté à Sainte-Marguerite, dans la Beauce, mais la recherche d'une ferme les a menés vers Saint-Ludger en décembre 2004.

Si c'était à refaire, Isabelle, qui mord dans la vie, choisirait la même voie. « Dans cinq ans, dans dix ans, je me vois toujours à la ferme, entre les chèvres et la fromagerie, émerveillée à la vue du petit nez rose des chevreaux qui viennent de naître… »

FROMAGES • Artisans du Québec

Isabelle Couturier et Alain Larochelle
CHÈVRERIE FRUIT D'UNE PASSION
Saint-Ludger

Depuis 2001

Particularités :   un seul fromage fermier au lait cru de chèvre produit à la ferme avec le lait du troupeau de races croisées

LA TOMME DES JOYEUX FROMAGERS

Fromage au lait de chèvre, pâte ferme, croûte lavée, affiné 2 à 3 mois

Apparence et odeur :	croûte allant de l'ocre à l'orangé, odeur de cave humide
Texture :	ferme et fondante en bouche
Plaisirs en bouche :	léger goût de miel, noisette, floral, fruité, note de sel

Aucun ferment d'affinage n'est ajouté, ce qui permet l'expression de la flore indigène du lait. Voilà tout le bonheur de travailler avec du lait cru !

À découvrir :   la fromagère est présente au marché public de Lac-Mégantic tous les samedis de l'été.

LES BOUTONS DE CULOTTE

Fromage de type crottin au lait de chèvre, pâte demi-ferme, sans croûte, non affiné, nature ou mariné dans l'huile d'olive et de pépins de raisin

Apparence et odeur :	blanc, ferme, doux, odeur lactique
Texture :	souple et friable
Plaisirs en bouche :	lait frais, finale caprine légère

Cabrita
Fromage au lait de chèvre, pâte fraîche, sans croûte
Disponible nature, à la truite fumée (Ferme des Bobines), à la fleur d'ail, aux fines herbes, aux 4 poivres, etc.

Les Perles
Fromage au lait de chèvre, pâte molle, sans croûte, conservé dans l'huile

À découvrir :   yogourt Cabrita

Marypascal Beauregard et sa fille Lenie
CAITYA DU CAPRICE CAPRIN
Sawyerville

Depuis 2004

Particularités :   fromages fermiers au lait de chèvre de leur troupeau de races croisées

En 1997, un peu blasés de leur vie de citadins, les futurs agriculteurs s'installent au cœur de la belle campagne de Sawyerville.

Une première chèvre de race Nubienne, baptisée Agathe, pose la patte sur la ferme. Elle a vécu en compagnie des poules pendant un an avant qu'on lui offre deux compagnes, pendant que Marypascal et Francis Landry, son conjoint, poursuivaient leurs recherches sur le monde caprin.

Leur premier choix s'est arrêté sur la chèvre de boucherie. À l'automne 1999, ils ont fait l'acquisition de dix chevrettes, puis de cinq autres au printemps suivant.

Avec un surplus de lait, une première tentative en fabrication fromagère est lancée. À l'été 2003, on plantait les clous dans les planches de la fromagerie artisanale.

Sur le chemin Hatley, une petite route comme je les aime, qui sillonne la belle campagne de Compton, surgit la fromagerie où Carole propose avec fierté le « fruit du travail de quatre générations de passionnés ».

Ici, on parle de troupeau « fermé » depuis 40 ans. Ce qui signifie qu'aucun bovin ne s'est greffé depuis. Des bêtes pâturent à l'herbe fraîche dès le printemps ; leur bien-être est intimement lié à ceux qui en prennent soin.

C'est Vincent qui est responsable du troupeau tandis que Simon-Pierre, le fromager, s'inspire allègrement d'une agriculture vivante et biologique à son meilleur pour fabriquer des meules qui en font foi.

FROMAGES • Artisans du Québec

Carole Routhier, Pierre, Simon-Pierre et Vincent Bolduc
FROMAGERIE LA STATION
Compton

Depuis 2004

Particularités : fromages fermiers au lait biologique de vache du troupeau de race Holstein de la Ferme Bolduc

ALFRED LE FERMIER

Fromage au lait cru de vache, pâte ferme (pressée cuite), croûte lavée, affiné 8 mois sur planches d'épinette

Apparence et odeur :	croûte cuivrée, odeur de sous-bois automnal, notes de champignons forestiers et feuillages
Texture :	souple et fondante
Plaisirs en bouche :	goût de caramel ou de miel selon la saison, notes de noisette se développant longuement en bouche

Comtomme
Fromage au lait non pasteurisé de vache, pâte demi-ferme, croûte lavée
Raclette de Compton (nature ou au poivre)
Fromage au lait non pasteurisé de vache, pâte demi-ferme, croûte lavée
Chemin Hatley
Fromage au lait non pasteurisé de vache, pâte ferme, croûte lavée

À découvrir sur place : Comtomme Signature, affiné 5 mois, et Alfred Le Fermier, affiné 24 mois

COTTAGE À L'ANCIENNE

Fromage de type cottage au lait de vache, pâte fraîche, non affiné

Apparence et odeur :	blanc, odeur de crème fraîche
Texture :	veloutée, présence de grains à texture souple
Plaisirs en bouche :	douceur, arôme de crème fraîche

Caprice d'Or
Fromage de type Monterey Jack au lait de vache, pâte ferme, sans croûte
Caprice d'Argent
Fromage de type cheddar au lait de vache et de chèvre, pâte demi-ferme, sans croûte

À découvrir :   cheddar, yogourt, lait, crème à l'ancienne et beurre artisanal

Diane Beaulieu et Jean-Noël Groleau
BEURRERIE DU PATRIMOINE
Compton

Depuis 2004

Particularités : fromages fermiers au lait biologique de vache du troupeau mixte de races Holstein, Ayrshire et Canadienne

En 1982, Jean-Noël achète la ferme familiale d'une cinquantaine de bovins laitiers. Avec Diane, son épouse, il propose d'abord des produits de l'érable.

Adolescents, leurs trois garçons ont souhaité se joindre à eux. Les producteurs ont opté pour la transformation du lait sur la ferme. Fabrication de fromage et de yogourt, embouteillage du lait et de la crème, la famille Groleau n'avait pas un grand pas à franchir pour fabriquer du beurre. En 2004, on construit la beurrerie, puis le musée du beurre l'année suivante.

EL NINO

Fromage au lait non pasteurisé de vache, pâte demi-ferme, croûte mixte, affiné 75 jours

Apparence et odeur :	croûte d'un beige orangé, odeur de pommes de terre
Texture :	souple
Plaisirs en bouche :	beurre et pommes de terre

La Brise des Vignerons
Fromage au lait de vache, pâte molle, croûte fleurie

Le Zéphyr
Fromage au lait cru de vache, pâte ferme, croûte mixte

À découvrir sur place :	fromages à tartiner, nature et au cidre de glace, glaces artisanales durant de la belle saison

FROMAGES • Artisans du Québec

Hugues Ouellet
FROMAGERIE DES CANTONS
Farnham

Depuis 2005

Particularités :   fromages au lait de vache d'un seul troupeau de race Jersey de la Ferme Janecek

Hugues possédait une solide expérience fromagère avant de s'investir dans son projet de fromagerie artisanale. C'est grâce à la complicité de Pierre Janecek, qui élevait un troupeau de vaches de race Jersey dans la région immédiate, que l'artisan s'est aventuré dans la fabrication.

Le fromager est demeuré fidèle à ses principes et à son producteur laitier… pour offrir de beaux fromages aux arômes et aux saveurs des Cantons. Hugues est un artisan heureux et fier de son choix.

Cantons-de-l'Est

Diane et Charles ont tous deux grandi sur une ferme. Ils se sont rencontrés au cégep alors qu'ils étudiaient en gestion et exploitation d'entreprise agricole. Pour eux, une continuité sur la ferme était un élan naturel.

Bien qu'on faisait, dans leur famille respective, l'élevage de bovins laitiers et de boucherie, ils ont choisi la chèvre dans le but de fabriquer du fromage. Cet élevage n'était pas étranger à Charles qui en avait élevé quelques-unes lorsqu'il était enfant.

Ils ont donc saisi l'occasion d'acquérir une fromagerie fermière mise en vente par ses propriétaires. Ils vivent toujours leur rêve.

FROMAGES • Artisans du Québec

Diane Choquette et Charles Boulerice
FERME MES PETITS CAPRICES
Saint-Jean-Baptiste

Depuis 2001

Particularités :   fromages fermiers au lait de chèvre du troupeau de race Alpine

L'HILAIREMONTAIS

Fromage de type tomme au lait de chèvre, pâte demi-ferme, croûte lavée au cidre de pomme, affiné 60 jours

Apparence et odeur :   croûte légèrement orangée, mince et souple, pâte blanche
odeur de légère à marquée

Texture :   souple

Plaisirs en bouche :   légèrement relevé, notes subtiles de noisette

Capri...Cieux Amandière
Fromage au lait de chèvre, pâte fraîche, non affiné
Le Micherolle
Fromage au lait de chèvre, pâte demi-ferme, sans croûte
La Clé des champs
Fromage au lait de chèvre, pâte molle, croûte fleurie

La majorité de la production est disponible principalement à la boutique de la ferme.

La fromagerie s'est érigée sur la ferme laitière paternelle des Gosselin. En 1989, Suzanne et Daniel se sont rendu compte que l'entreprise n'était plus viable telle qu'elle se trouvait. Après avoir pesé les avantages du remplacement du troupeau par des bovins de race Brune suisse dans le but de fabriquer du fromage, ils ont plongé, malgré l'ampleur du risque.

« L'histoire d'un bon fromage fermier commence dans le pays de celui qui l'a fait », lancent fièrement les artisans. Leurs fromages sont tous empreints d'une rigueur soutenue manifeste du champ de plantes fleuries et aromatiques à la meule.

Pour véritablement valoriser le terroir, l'agriculture biologique est pour eux une évidence. La ferme familiale est donc certifiée depuis 1995. D'ailleurs, ce sont leurs fromages qui ont été les premiers fromages affinés à être certifiés biologiques au Québec.

Suzanne Dufresne et Daniel Gosselin
FROMAGERIE AU GRÉ DES CHAMPS
Saint-Jean-sur-Richelieu

Depuis 2000

Particularités : fromages fermiers au lait cru biologique de vache du troupeau de race Brune suisse

LE GRÉ DES CHAMPS

Fromage au lait de vache, pâte ferme, croûte naturelle, affiné plus de 3 mois

Apparence et odeur :	croûte brunâtre, rustique, pâte plus ou moins jaune paille selon la saison avec quelques ouvertures mécaniques odeur torréfiée, fruitée, végétale et légèrement épicée
Texture :	fondante
Plaisirs en bouche :	sucré avec des arômes de chicorée (torréfié), amandes et beurre

Le D'Iberville
Fromage au lait de vache, pâte demi-ferme, croûte lavée à mixte
Le Monnoir
Fromage au lait de vache, pâte ferme, croûte naturelle
Le Pont-Blanc
Fromage au lait de vache, pâte molle, croûte mixte

À découvrir sur place : Le Péningouin

Voici une entreprise familiale dans laquelle se sont investies trois générations de Chaput. D'abord spécialisés dans l'importation et l'affinage de fromages européens, les fromagers se sont doucement tournés vers la fabrication. Aujourd'hui, ils élaborent plusieurs fromages au lait cru.

Patrick, fils aîné de Céline et de Jean-Marc, est l'artisan principal en fabrication depuis le début. Désormais, Marie-Laurence, sa fille aînée, gère l'ensemble des opérations. Jérémie est responsable de la production, sous la supervision de moins en moins nécessaire de Patrick, et Alexandre est le bras droit de tous ; Jean-Philippe Hudon est le spécialiste de la mise en marché.

Patrick Chaput
FROMAGERIE CHAPUT
Châteauguay

Depuis 1990

Particularités : fromages au lait cru de chèvre et de vache provenant d'un seul troupeau

LE SACREBLEU

Fromage au lait de chèvre et de vache, à pâte demi-ferme persillée, croûte naturelle, affiné 70 jours

Apparence et odeur : rustique, pâte parsemée de veines bleu-gris, odeur de terre humide
Texture : friable, plus souple après maturation
Plaisirs en bouche : équilibre, nuances, peu salé, beurre

Rose Blanche
Fromage au lait de vache, pâte molle, croûte fleurie

Le Champagnole
Fromage au lait de chèvre, pâte demi-ferme, croûte naturelle

À découvrir : Le Filou, Placoteux, Prestige, La Marmotte, Le Ratoureux, L'Artisan Romantique, Saint-Maure Chaput, Le Rondoudou, L'Enchanteur, Vacherin Chaput, Chevreau, Marmite d'or, Bûcheron, Le Métis et Le Montérégie

Montérégie

En 1987, Lise et Régis achètent la ferme familiale des Bradette pour en assurer la relève. Dix ans plus tard, ils se consacrent totalement à la croissance de la ferme et ils invitent leurs fils Julien, Jimmy et Jonathan à y participer. On la rebaptise la Ferme des 3J.

C'est en 2004 qu'on ouvre les portes de la fromagerie sur cette ferme de 200 hectares. Sur place se trouvent un beau troupeau de bovins pur sang, 75 hectares de terres boisées, une framboisière, une bleuetière, un petit verger et un vignoble.

Lise Bradette et Régis Morency
FROMAGERIE AU PAYS-DES-BLEUETS
Saint-Félicien

Depuis 2004

Particularités :   fromages fermiers au lait de vache du troupeau de race Ayrshire

BOUTON D'OR

Fromage au lait de vache, pâte demi-ferme, croûte lavée, affiné 30 jours

Apparence et odeur :   croûte d'un orangé prononcé, odeur lactique marquée
Texture :   onctueuse
Plaisirs en bouche :   acidité lactique, foin et sel

Desneiges
Fromage au lait de vache, pâte molle, croûte fleurie

À découvrir sur place :   fromage frais en grains et Le Petit Délice

LA CHUTE À L'OURS

Fromage de type cheddar au lait de vache, pâte ferme, sans croûte, affiné 2 ans

Apparence et odeur :	jaune pâle, odeur de crème fraîche
Texture :	fondante, onctueuse
Plaisirs en bouche :	végétal, pointe de beurre, noisette, amande, noyau de fruits en finale
À découvrir :	fromages de type brick et cheddar, tels que Le St-Félicien Lac-Saint-Jean, Le Rapide Arcand, La Chute à Michel, La Chute Chaudière et L'Ashuapmushuan

FROMAGES • Artisans du Québec

Suzie Brassard et Gérard Bouchard
FROMAGERIE FERME DES CHUTES
Saint-Félicien

Depuis 1993

Particularités : fromages fermiers au lait biologique de vache du troupeau de race Holstein

Les frères Rodrigue, Gérard et Pierre représentent la troisième génération de Bouchard à s'être installée sur le rang Saint-Eusèbe à Saint-Félicien pour y pratiquer l'agriculture.

Dès 1978, malgré le manque de références et de formations disponibles sur le sujet, ils se sont penchés sur la culture et l'élevage biologiques ; la ferme a été accréditée en 1983. Jouissant d'une belle reconnaissance pour leurs pratiques, les frères Bouchard se sont investis dans la fabrication de fromages en 1993.

LE CHANT DU COQ

Fromage au lait de vache, pâte ferme, croûte lavée, affiné 6 mois

Apparence et odeur :	croûte dure et épaisse de couleur miel avec une ligne de cendre alimentaire au centre
Texture :	ferme et fondante
Plaisirs en bouche :	salé, légère amertume, arôme végétal, céleri et noix

Le Maria Chapdelaine
Fromage au lait de vache, pâte molle, croûte fleurie
Le Péribonka
Fromage au lait de vache, pâte molle, croûte mixte

À découvrir sur place : L'Albani, Le Welleymine, Le Roméo et Pépère Paquin

FROMAGES • Artisans du Québec

Hélène Cadieux et Yvon Fortin
FROMAGERIE LA NORMANDINOISE
Normandin

Depuis 2006

Particularités : fromages fermiers au lait de vache de leur troupeau de race Holstein

Si l'on pense avoir tout vu au Lac-Saint-Jean, il faut pousser au nord du lac jusqu'à Normandin pour rencontrer Hélène et Yvon qui exploitent une fromagerie typiquement artisanale, fermière et familiale, où est transformé le lait de leur troupeau. Ici, la cinquantaine de bovins pur sang de la Ferme Beauregard sont traités aux « p'tits oignons » avec des fourrages produits dans les champs.

À l'extrémité du lac Saint-Jean, à Saint-Gédéon, la fromagerie loge dans un bâtiment qui rappelle la petite école des années 1920. C'est Rose-Alice qui est la fromagère, mais c'est toute la famille Boivin-Côté qui y travaille, contribuant au succès de l'entreprise.

L'histoire remonte au 19e siècle au moment où Élise Boulianne, veuve d'Eucher Côté, prend possession de cent acres de terre publiques à Saint-Gédéon, en vertu de l'acte autorisant des octrois gratuits aux pères et mères de douze enfants vivants.

Normand Côté, fier représentant de la cinquième génération, et Madeleine Boivin, son épouse, sont les propriétaires de la ferme Domaine de la Rivière depuis 1986.

Lorsqu'on entend la cloche tinter dans la campagne, c'est que le fromage frais du jour, encore tout chaud, est disponible au comptoir de vente.

FROMAGES • Artisans du Québec

Rose-Alice Boivin-Côté
FROMAGERIE MÉDARD
Saint-Gédéon

Depuis 2005

Particularités :   fromages fermiers au lait de vache du troupeau de race Brune suisse

14 ARPENTS

Fromage au lait de vache, pâte molle, croûte lavée, affiné 30 jours

Apparence et odeur :   meule carrée, croûte orangée uniforme, pâte lisse, odeur prononcée
Texture :   veloutée
Plaisirs en bouche :   relevé, beurre frais, noisette, notes florales

Les Petits Vieux
Fromage au lait de vache, pâte dure, croûte lavée
Le Rang des Îles
Fromage au lait de vache, pâte molle, croûte mixte
La Belle-Mère
Fromage au lait de vache, pâte demi-ferme, croûte lavée
Le Gédéon
Fromage au lait de vache, pâte ferme, sans croûte

À découvrir sur place :   cheddar frais en grains, Le Médard, La Couventine et Le Cabrouet, nature ou aromatisé, ainsi qu'une boulangerie exceptionnelle, signée Justine !

LE TREMBLAY

Fromage au lait de vache, pâte molle, croûte mixte, affiné 30 jours

Apparence et odeur :	pâte lisse et molle
Texture :	molle et crémeuse
Plaisirs en bouche :	lait frais, légèrement acidulé

Le Cru du Canton
Fromage au lait de vache, pâte ferme, sans croûte
Le Curé-Hébert
Fromage au lait de vache, pâte demi-ferme, croûte lavée

À découvrir sur place :   lait entier fermier, cheddar frais en grains et en meules

FROMAGES • Artisans du Québec

Chantale Lalancette et Stéphane Tremblay
FROMAGERIE L'AUTRE VERSANT
Hébertville

Depuis 2004

Particularités : fromages fermiers au lait cru de vache du troupeau de race Ayrshire

Sur le Rang 3 à Hébertville, Chantale et Stéphane perpétuent une merveilleuse histoire familiale qui débute vers 1800 alors que Sophie Ouellet épouse Yves-Luc Tremblay. Ces pionniers ont emprunté la rivière des Aulnaies pour venir s'installer ici dans le but de travailler la terre.

En 2000, Stéphane et Chantale réalisent leur rêve, soit de faire un fromage fermier à partir du lait de leur troupeau, un troupeau bovin exceptionnel de race Ayrshire qui n'a jamais été croisé et qui est désigné comme étant « fermé ». Voilà donc six générations de nobles agriculteurs qui s'activent à la tâche.

FROMAGES • Artisans du Québec

Marie et Jacob se sont installés avec leurs enfants sur une ferme au Lac-Saint-Jean en 1983. Inspirés par la passion qu'ils portent envers le métier de la terre, leurs enfants, Léa, Sem et Isaban, partagent cette vision.

Voici une production où l'humain, l'animal et le végétal occupent leur rôle, assurant la pérennité autant de l'agriculture familiale que de la fabrication fromagère. Du pré à la fromagerie, tant de soins et tant de petits gestes sont posés au quotidien.

La fabrication artisanale est, pour les membres de la famille Lehmann, plus qu'une philosophie, c'est un mode de vie. La créativité et le savoir-faire fromager, transmis depuis quelques générations, sont certes ici bien exprimés !

FROMAGES • Artisans du Québec

Marie et Jacob Lehmann
FROMAGERIE LEHMANN
Hébertville

Depuis 2002

Particularités : fromages fermiers au lait non pasteurisé de vache du troupeau de race Brune suisse

KÉNOGAMI

Fromage au lait de vache, pâte molle, croûte lavée, affiné 60 jours

Apparence et odeur : croûte fine, orangée, odeur herbacée
Texture : crémeuse
Plaisirs en bouche : noix et crème

Pikauba
Fromage au lait de vache, pâte demi-ferme, croûte lavée

Valbert
Fromage au lait de vache, pâte ferme, croûte lavée

Avant l'ouverture de la fromagerie en 2006, la Ferme Blackburn s'était démarquée dans l'élevage bovin, la grande culture et la culture maraîchère depuis sa fondation par Napoléon Blackburn, en 1926. Les frères Alain, Benoit et Gilles, ambassadeurs de la troisième génération, achètent l'entreprise agricole de leur père Joseph en 1978.

Le 1er janvier 2005, Marie-Josée, Jean-François, Nicolas et Michaël Blackburn se joignent à l'entreprise. Les projets de fromagerie se concrétisent avec Marie-Josée, qui en prend les rênes, et Nicolas, également fromager et maraîcher.

Quatre-vingt-cinq ans d'histoire sont ici racontés !

Marie-Josée et Nicolas Blackburn
FROMAGERIE BLACKBURN
Jonquière

Depuis 2006

Particularités : fromages fermiers au lait de vache du troupeau de race Holstein

LE MONT-JACOB

Fromage au lait de vache, pâte demi-ferme, croûte lavée, affiné 30 jours

Apparence et odeur : croûte lisse, allant du rosé à l'orangé avec un revêtement blanc discret moyen à relevé, végétal, noix, pâte crème, lisse, légèrement souple et uniforme avec quelques ouvertures

Texture : pâte tendre et légèrement fondante, bien qu'avec de la texture et du corps

Plaisirs en bouche : arôme doux à moyen, noix et fruits

Le Blackburn
Fromage au lait non pasteurisé de vache, pâte ferme, croûte lavée

Le Cabouron
Fromage au lait de vache, pâte demi-ferme, sans croûte

Le Napoléon
Fromage au lait de vache, pâte ferme, croûte lavée

À découvrir sur place : fromage en grains, nature et aromatisé, ainsi que Le Valida, un cheddar doux, moyen ou fort

Après avoir travaillé à l'étranger, Martin est revenu au Saguenay pour s'établir sur la ferme familiale. Avec son frère Claude, ils ont converti la ferme d'agneaux de boucherie en une de brebis laitières.

Martin et Josée, sa conjointe, ont poussé le rêve jusqu'à ériger une fromagerie sur la ferme dans le but de produire des fromages de grande qualité, aux arômes d'ici.

Josée, Martin et leurs trois enfants animent les Bergeries du Fjord, poursuivant une bien belle aventure.

FROMAGES • Artisans du Québec

Josée Gauthier et Martin Gilbert
LES BERGERIES DU FJORD
La Baie

Depuis 2008

Particularités :   fromages fermiers au lait cru de brebis du troupeau de race East Friesian, fromages au lait cru de vache du troupeau de race Jersey de la Ferme Pierre Girard

LE BLANCHE DU FJORD

Fromage au lait de brebis, pâte molle, croûte fleurie, affiné 60 jours

Apparence et odeur :   croûte blanchâtre, odeur de champignons de sous-bois

Texture :   moelleuse à onctueuse, blanche, fine, fraîche et fondante, quelques ouvertures irrégulières réparties dans la masse, croûte blanche, fleurie, tendrement duveteuse

Plaisirs en bouche :   beurre, noix, olive et fruits

Le Berger du Fjord
Fromage au lait de brebis, pâte demi-ferme, croûte lavée

Le Belle de Jersey
Fromage au lait de vache, pâte molle, croûte mixte

Le Jersey du Fjord
Fromage au lait de vache, pâte ferme, croûte lavée, affiné 10 mois

À découvrir sur place :   fromage de type feta au lait de brebis conservé dans la saumure pendant 6 mois

LE STE-ROSE LAVÉ AU VIN

Fromage au lait de chèvre, pâte demi-ferme, lavé au vin

Apparence et odeur :	pâte blanche légèrement rosée en surface, parsemée de grains de poivre, arôme d'épices
Texture :	onctueuse
Plaisirs en bouche :	bouqueté avec une pointe d'acidité

Le Petite Heidi du Saguenay
Fromage au lait de chèvre, pâte demi-ferme, croûte lavée
Le Ste-Rose à l'italienne
Fromage au lait de chèvre, pâte demi-ferme, sans croûte, aromatisé

À découvrir sur place :   fromage à pâte fraîche, nature et aromatisé

Line Turcotte
FROMAGERIE LA PETITE HEIDI
Sainte-Rose-du-Nord

Depuis 1996

Particularités : fromages fermiers au lait de chèvre du troupeau de la ferme

En 1994, Line Turcotte et Rhéaume Villeneuve, son mari, achètent une petite chèvre, baptisée Heidi, au grand bonheur de leur fille Stacy. En voyant cela, les gens du village lancent la rumeur d'une éventuelle fromagerie. L'idée n'est pas mauvaise… Les propriétaires réfléchissent et plongent. On devine la suite.

Juste avant d'arriver à la fromagerie, c'est l'occasion de s'arrêter à l'un des plus beaux petits villages du Québec lové entre fjord et montagne. De la nature à son meilleur, véritablement une source d'inspiration pour les artisans.

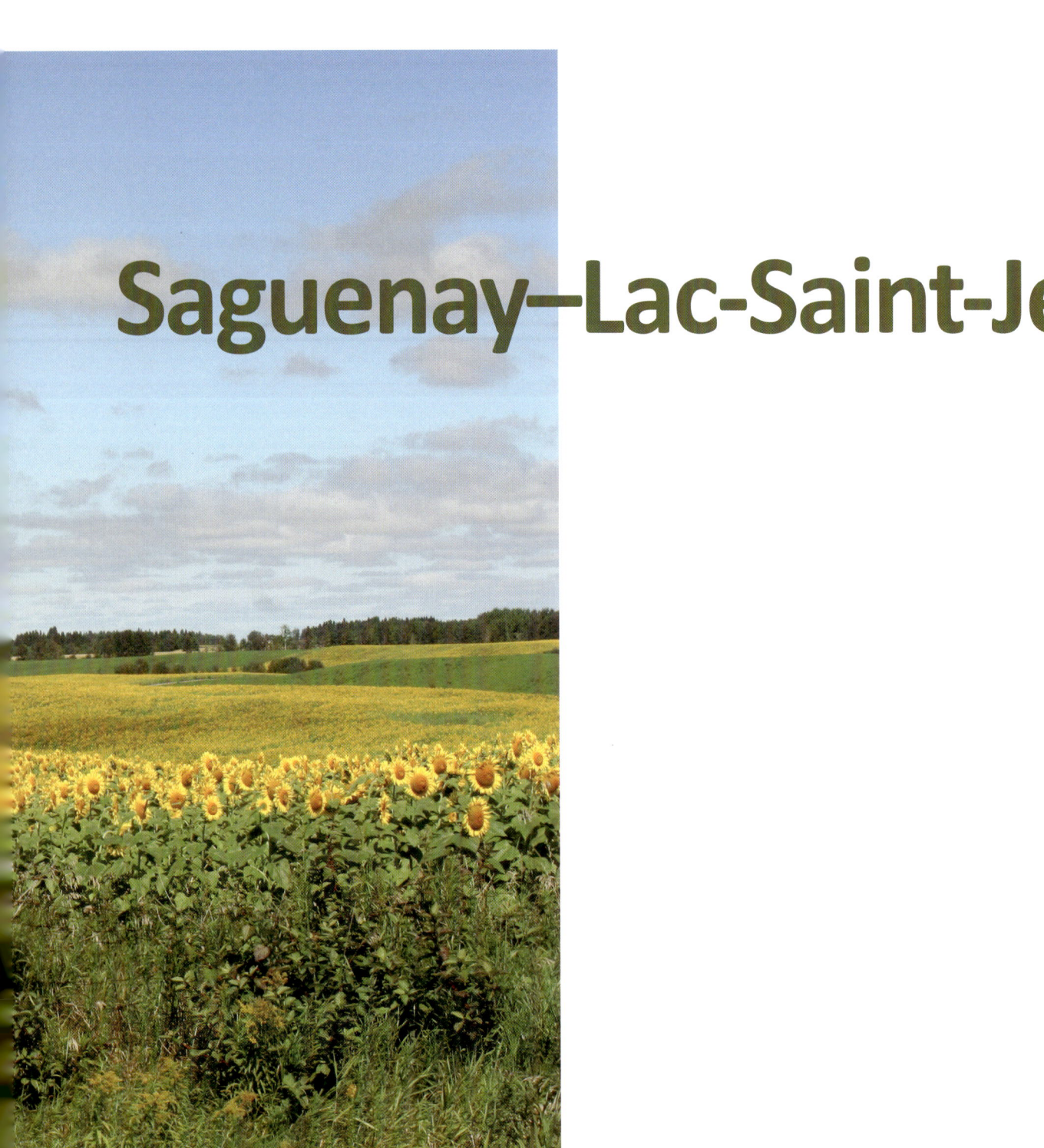

Saguenay–Lac-Saint-Jean

Maurice est parmi les premiers braves à avoir plongé dans l'aventure fromagère au Québec. « On était jeunes, la tête remplie d'idées et un peu baveux… » Ne possédant pas d'atelier à l'époque, il s'est associé à la Laiterie Charlevoix. Ensemble, ils ont développé la technique, une tâche énorme.

« Puis, j'ai décidé de concentrer mes efforts sur l'affinage après être allé en France pour étudier les techniques de croûte lavée de type monastique des 17e et 18e siècles. »

Anne Migneron a été la première épouse de Robert-Gabriel Dufour, l'ancêtre des Dufour. Voilà qui a inspiré le nom du célèbre fromage.

Plus tard, Maurice a construit une fromagerie pour fabriquer des fromages au lait de brebis, en plus de se lancer dans l'élevage, « tout à fait adapté aux types de sols et aux montagnes », mentionne l'agronome. Un troupeau qui compte aujourd'hui quelque 450 brebis.

Maurice Dufour
LA MAISON D'AFFINAGE MAURICE DUFOUR
Baie-Saint-Paul

Depuis 1994

Particularités : fromages fermiers au lait de brebis du troupeau de races East Friesian et Lacaune, pour Le Migneron, lait provenant de troupeaux de la vallée de Baie-Saint-Paul, pour Le Ciel de Charlevoix, lait d'un seul troupeau

LE SECRET DE MAURICE

Fromage au lait de brebis, pâte molle, croûte fleurie, affiné 21 jours

Apparence et odeur : croûte ivoire légèrement marbrée
Texture : pâte onctueuse à coulante
se consomme à la cuillère après avoir retiré la « calotte »
Plaisirs en bouche : sel, champignons forestiers, amertume légère

Le Migneron de Charlevoix
Fromage au lait de vache, pâte demi-ferme, croûte lavée
Le Ciel de Charlevoix
Fromage au lait de vache, pâte demi-ferme et persillée, croûte naturelle
La Tomme d'Elles
Fromage au lait de vache et de brebis, pâte ferme, croûte naturelle
La Tomme de Brebis de Charlevoix
Fromage au lait de brebis, pâte ferme, croûte naturelle
Le Bleu de Brebis de Charlevoix
Fromage au lait de brebis, pâte demi-ferme et persillée, croûte naturelle

À découvrir sur place : Le *Deo Gratias*, disponible pendant la saison estivale et Le Migneron de réserve

LE 1608

Fromage au lait non pasteurisé de vache Canadienne, pâte ferme, croûte morgée, affiné 3 à 6 mois

Apparence et odeur :	pâte jaune prononcé, odeur terreuse
Texture :	pâte crémeuse
Plaisirs en bouche :	arôme fruité, saveur équilibrée, végétale et de beurre fondu

L'Hercule de Charlevoix
Fromage au lait non pasteurisé de vache Jersey, pâte ferme, croûte lavée
Le Fleurmier de Charlevoix
Fromage au lait de vache, pâte molle, croûte fleurie

À découvrir sur place :   cheddars frais et vieillis

FROMAGES • Artisans du Québec

Dominique et Simon Labbé
LAITERIE CHARLEVOIX
Baie-Saint-Paul

Depuis 1948

Particularités : fromages au lait non pasteurisé de troupeaux de race Canadienne élevés dans les plateaux de Charlevoix et de race Jersey de la Ferme Stessi, voisine de la fromagerie

En 1948, Stanislas Labbé et Elmina Fortin achètent une petite laiterie à Baie-Saint-Paul pour embouteiller le lait et le distribuer dans le village. Au début des années 1970, la Laiterie Charlevoix se tourne vers la transformation. Dix ans plus tard, Jean et Dominique Labbé, les petits-fils, se joignent à l'entreprise. Aujourd'hui, Simon, fils de Jean, assume la relève de la fromagerie.

La petite entreprise qui a su bien grandir transforme peut-être plus de litres de lait que la désignation de fromagerie artisanale ne l'entend, mais la mission que les frères Labbé se sont donnée favorise le retour à la terre. Et cela mérite un éloge.

Ainsi, plus récemment, devant la fermeture annoncée de plusieurs fermes laitières dans la vallée, ils se sont lancés dans une belle aventure de partenariat avec de jeunes producteurs laitiers, leur permettant de s'établir dans la région. Du lait 100 % charlevoisien ! Ils ont aussi amené des bovins de race Canadienne dans les plateaux, assurant ainsi la pérennité de la race.

Charlevoix

Jocelyn Labbé et Jacques Goulet, un microbiologiste et ami, ont redonné un souffle de vie au fromage de l'isle d'Orléans. La grand-mère de Jocelyn, qui était de Sainte-Famille, le fabriquait de façon artisanale. Jacques se souvient aussi avoir entendu sa grand-mère en parler. Apporté en terre québécoise vers 1635, c'est probablement le plus ancien fromage d'Amérique du Nord.

Acteur important dans l'histoire du fromage de l'île, Gérard Aubin, dont la famille s'était installée à Saint-Pierre au milieu du 17e siècle, a fabriqué et vendu ce fromage très populaire sur les marchés de Québec jusqu'en 1974.

« Au moment où personne ne s'intéressait à prendre la relève, nous avons eu envie de relever le défi, raconte Jocelyn. Avec mon épouse Diane, nous avons redonné vie au fromage de l'île et, mieux encore, nous avons valorisé son histoire. »

Diane Marcoux et Jocelyn Labbé
LES FROMAGES DE L'ISLE D'ORLÉANS
Île d'Orléans

Depuis 2004

Particularités : fromage pouvant être dégusté de trois manières, correspondant aux étapes de sa maturation
à la première étape, la *Faisselle*
séché pendant 4 à 5 jours, le *Paillasson* (fromage devant être rôti à la poêle)
vieilli en caves d'affinage dans des conditions particulières
pendant 28 à 30 jours, le *Raffiné*

LE PAILLASSON DE L'ISLE D'ORLÉANS

Fromage au lait de vache, pâte demi-ferme, sans croûte, séché 4 à 5 jours

Apparence et odeur : petite galette ivoire

Texture : lorsque rôti à la poêle, formation d'une croûte dorée, donc une texture d'abord craquante, puis fondante en bouche

Plaisirs en bouche : une fois cuit, beurre doux et crêpe, lactique et crémeux, sans acidité, légèrement salé

La Faisselle de l'isle d'Orléans
Fromage au lait de vache, pâte fraîche, sans croûte

À découvrir sur place : Le Raffiné de l'isle d'Orléans

LE GAULOIS DE PORTNEUF

Fromage au lait de vache, pâte molle, croûte fleurie, affiné moins de 60 jours

Apparence et odeur :	croûte sauvage, pâte ivoire
Texture :	souple et crémeuse
Plaisirs en bouche :	lactique en début d'affinage, fermier en fin d'affinage

La Tomme à Rudy
Fromage au lait de vache, pâte demi-ferme, croûte fleurie sauvage

FROMAGES • Artisans du Québec

Rudy Ducreux
FROMAGERIE DE LA FERME DUCRÊT
Saint-Basile

Depuis 2009

Particularités :   fromages fermiers au lait cru du troupeau de race Jersey

Originaire de la région Rhone-Alpes en France, où il a été agriculteur, Rudy Ducreux a travaillé en fromagerie dans la région de Savoie, où l'on fabrique du fromage comme l'on fait du sirop d'érable chez nous. Croyant tout en place au Québec pour faire de bons fromages, il s'installe à Saint-Basile en 2009 avec, au cœur, le rêve de faire des fromages au lait cru.

« Je ne suis pas un fromager, dit le petit-fils d'agriculteur, je suis un paysan, un gars de la terre… J'aime cultiver les champs, soigner les animaux, faire la traite. Je fais du fromage parce que c'est l'aboutissement des activités de la ferme et je m'occupe aussi de la mise en marché. »

Il est impératif à ses yeux d'être le maître d'œuvre de toute la chaîne pour fabriquer un fromage fermier authentique.

GRONDINES

Fromage au lait de vache, pâte demi-ferme, croûte lavée naturelle, affiné 70 jours

Apparence et odeur :	croûte orangée unie et toilée, nez végétal pâte présentant quelques petites ouvertures mécaniques de couleur uniforme, odeur riche, fruitée et lactique
Texture :	veloutée
Plaisirs en bouche :	croûte végétale, champignons forestiers, pâte de beurre fondu, d'amande et de fruits doux

Le Grand 2
Fromage au lait de vache (70 %) et de chèvre (30 %), pâte ferme, croûte lavée naturelle
Tomme des Galets
Fromage au lait de brebis (50 %) et de chèvre (50 %), pâte ferme, croûte lavée naturelle
Clos-des-Roches
Fromage au lait de vache, pâte ferme, croûte lavée naturelle

À découvrir sur place :   Tomme de brebis affinée à la bière artisanale de la région

Guylaine Rivard, Charles Trottier et Louis Arsenault
FROMAGERIE DES GRONDINES
Grondines

Depuis 2007

Particularités : fromages fermiers au lait cru biologique de vache du troupeau de race Brune suisse, lait biologique de chèvre et de brebis des troupeaux de François-Xavier Masson

Guylaine et Charles songeaient depuis longtemps à valoriser le lait de leur troupeau de race Brune suisse. C'est en 2005 que le projet a démarré avec l'arrivée de Louis, comme fromager. Depuis, on fabrique uniquement des fromages au lait cru biologique tout en s'efforçant d'exprimer la typicité du terroir portneuvois.

C'est aussi parmi les premières fromageries artisanales à fabriquer des fromages au lait de deux sources, dont vache et chèvre et brebis et chèvre. Le lait de ces petits animaux provient d'une production à dimension humaine, qui a démarré en même temps que la fromagerie et dont on utilise la totalité du lait.

Louis Arsenault est très investi dans le milieu fromager. Il est le président fondateur de l'Association des fromagers artisans du Québec.

Québec
Portneuf • Île d'Orléans

BALUCHON

Fromage au lait non pasteurisé, pâte demi-ferme, croûte lavée, affiné 60 jours

Apparence et odeur :	croûte orangée à marron, odeur d'oignons caramélisés
Texture :	souple et fondante
Plaisirs en bouche :	torréfié, floral, noisette, trèfle

Réserve La Pérade
Fromage au lait non pasteurisé, pâte ferme, croûte lavée

Champlain
Fromage au lait non pasteurisé, pâte molle, croûte lavée

Roy Léo
Fromage au lait cru, pâte dure, pressée et cuite, croûte mixte

FROMAGES • Artisans du Québec

Marie-Claude Harvey
FROMAGERIE F.X. PICHET
Sainte-Anne-de-la-Pérade

Depuis 2007

Particularités :   fromages fermiers au lait biologique de vache de leur troupeau de races Holstein, Brune suisse et Ayrshire

Michel Pichet est producteur laitier et propriétaire de la ferme biologique F.X. Pichet de Champlain depuis plus de 25 ans. Quant à Marie-Claude, au quotidien, elle travaille à la fromagerie de Sainte-Anne-de-la-Pérade.

« Tout comme leurs fromages, dont le tout premier a été le Baluchon, l'entreprise a acquis de la maturité », lancent les artisans qui n'ont que d'éloges envers leur équipe pour leur travail et leur persévérance, des facteurs essentiels à leur succès.

Les gens comme les produits de la fromagerie sont chers au cœur des habitants de la région. Cette loyauté, les producteurs savent l'apprécier.

Mauricie

LE GUILLAUME TELL

Fromage au lait de vache, pâte molle, croûte lavée et macérée dans le cidre de glace, affiné 60 jours

Apparence et odeur :	croûte d'un blond cuivré prononcé, pâte ivoire avec ouvertures
Texture :	tendre et fondante
Plaisirs en bouche :	végétal, de foin et de copeaux de bois, soupçon de graines et de noisette, arômes de pommes vertes et de champignons

Le Cendré des Prés
Fromage au lait de vache, pâte molle, ligne de cendre de bois d'érable au centre, croûte fleurie

Le Noble
Fromage au lait de vache, pâte molle, croûte fleurie

Inspiré
Fromage au lait de vache, pâte molle, croûte fleurie

Essence-Ciel
Fromage au lait de vache, pâte molle, croûte lavée, saupoudrée de fines herbes et d'épices

L'Ange Gardien
Fromage au lait de vache, pâte molle, croûte lavée

FROMAGES • Artisans du Québec

Lise Mercier et Guy Dessureault
FROMAGERIE DOMAINE FÉODAL
Berthierville

Depuis 2001

Particularités :   fromages au lait de vache de trois troupeaux de la région

Guy pratique le métier d'agriculteur depuis 1984. L'amour qu'il a toujours témoigné envers l'élevage laitier l'a amené à vouloir transformer le lait pour le valoriser. Lise, sa conjointe, tout aussi passionnée par la fabrication fromagère, s'est investie dans le projet.

Dans leur atelier du rang de Bayonne, les artisans fabriquent de beaux fromages au quotidien, leur accordant toute l'attention et tous les soins que nécessitent la transformation et la maturation. Comme le dit le fromager : « Il faut être attentif au moindre signe que nous donne la croûte. »

DOUCE FOLIE

Fromage au lait de brebis, pâte demi-ferme, croûte lavée, affiné 5 mois

Apparence et odeur :	pâte avec ouvertures mécaniques
Texture :	ferme, élastique
Plaisirs en bouche :	sucré, noisette

Petitrond
Fromage au lait de brebis, pâte molle, croûte fleurie

Fetaccompli
Fromage de type feta au lait de brebis conservé dans la saumure ou dans l'huile et les fines herbes

À découvrir sur place :   fromage frais

Ghislaine Lambert et Philippe Chênevert
FROMAGERIE IL ÉTAIT UNE BERGÈRE
Saint-Cuthbert

Depuis 2008

Particularités : fromages fermiers au lait de brebis du troupeau de race East Friesian

La famille Chênevert a pratiqué une agriculture diversifiée à Saint-Cuthbert parallèlement au métier de forgeron.

En 1985, Marcel Chênevert, époux de Ghislaine, et représentant la huitième génération, prend la relève de la ferme qui compte un troupeau d'une trentaine de vaches laitières. En 2006, Philippe manifeste le désir de poursuivre la tradition.

Le choix s'impose entre une agriculture de plus en plus industrialisée et coûteuse et une agriculture familiale. La seconde option est adoptée. On vend les bovins et l'étable est transformée en bergerie. Cent cinquante brebis de race East Friesian sont arrivées au mois de juin cette année-là.

VICTOR ET BERTHOLD

Fromage au lait de vache, pâte demi-ferme, croûte lavée, affiné 60 jours

Apparence et odeur :	croûte orangée, pâte à odeur végétale et de lait frais
Texture :	souple, pâte fondante
Plaisirs en bouche :	bel équilibre de sel, goût de terroir se transformant en rusticité légère

Victor et Berthold Réserve
Fromage au lait de vache, pâte demi-ferme, croûte lavée, affiné 4 mois
Laracam
Fromage au lait de vache, pâte molle, croûte lavée
Le Fêtard
Fromage au lait de vache, pâte demi-ferme, croûte lavée
L'amateur
Fromage au lait de vache, pâte demi-ferme, croûte lavée et cirée
Raclette de Joliette
Fromage au lait de vache, pâte demi-ferme, croûte lavée
Les Métayères
Fromage au lait de vache, pâte demi-ferme, croûte lavée

FROMAGES • Artisans du Québec

Martin et Martin Junior Guilbault
FROMAGERIE DU CHAMP À LA MEULE
Notre-Dame-de-Lourdes

Depuis 1995

Particularités :   fromages au lait non pasteurisé d'un seul élevage de la région

Martin est né ici, précisément à l'emplacement de la fromagerie actuelle, sur une terre qui a appartenu à son père et à son grand-père Victor, qui avait acquis la ferme en 1925.

Martin l'a reprise en 1987 et a songé à construire une fromagerie en 1991. Aujourd'hui, Martin Junior, son fils, s'est joint à l'entreprise.

Sur une photo ancienne, on reconnaît Victor, né en 1896, et Berthold, l'oncle de Martin, qui ont inspiré ce délicieux fromage. Un bel hommage est ainsi rendu à ces hommes qui, avec Jean-Maurice, son père, ont exploité la ferme.

LE SABOT DE BLANCHETTE

Fromage au lait de chèvre, pâte molle, croûte naturelle, affiné 30 jours

Apparence et odeur :	forme pyramidale, croûte crapaudée, odeur de lait caprin frais
Texture :	crayeuse à onctueuse
Plaisirs en bouche :	lactique, acidulé, floral, avec une finale explosive

Le Pizy
Fromage au lait de vache, pâte molle, croûte fleurie rase

Le Freddo
Fromage au lait de vache, pâte demi-ferme, croûte lavée

Le Grand Manitou
Fromage au lait de vache, de chèvre et de brebis, pâte molle, croûte lavée

Le Biquerond de Lanaudière
Fromage au lait de chèvre, pâte molle, croûte naturelle

À découvrir : Le Barbu, Le Funambule, La Bûchette de chèvre, Le Caillé de chèvre, Le Caprice, Le Crottin, Le Fermier et Le Petit Poitou

FROMAGES • Artisans du Québec

Fabienne Mathieu et Frédéric Guitel
FROMAGERIE LA SUISSE NORMANDE
Saint-Roch-de-l'Achigan

Depuis 1995

Particularités :   fromages fermiers au lait de chèvre du troupeau,
lait de vache de la ferme voisine,
lait de brebis d'un producteur lanaudois

Fabienne est une fille d'agriculteur. Venant de Suisse, elle est arrivée à la ferme Saint-Roch en 1988 avec son époux Frédéric, originaire de Normandie et agriculteur de métier.

Ayant entendu parler qu'une fromagerie devait ouvrir dans la région et qu'elle aurait certainement besoin de lait pour fabriquer des fromages, ils ont acheté un troupeau de chèvres en plus de leurs vaches et… ils ont foncé. Cette fromagerie n'a jamais vu le jour.

Frédéric s'est inscrit à un cours de fabrication de fromage fermier et a transmis son enthousiasme à son épouse. Ce n'était certes pas facile, mais pas impossible. Ils n'ont finalement conservé que le troupeau de chèvres.

Lanaudière

LE PETIT PRINCE

Fromage au lait de chèvre, pâte fraîche, sans croûte

Apparence et odeur :	blanche et délicate
Texture :	crémeuse, veloutée
Plaisirs en bouche :	acidulé léger

Bouchées d'Amour
C'est le Petit Prince formé en boules, aromatisées et marinées dans l'huile
La Tour St-François
Fromage au lait cru de chèvre, pâte ferme, croûte lavée
Le Petit cendré du Vieux St-François
Fromage au lait de chèvre, pâte ferme, croûte naturelle cendrée

À découvrir :	Fleur de Neige, Le Pré des Mille-Îles, Le Lavallois, Ti-Lou

À découvrir sur place :	Le Peau d'ours, fromage frais en grains, cheddar, ainsi que yogourt et lait de chèvre

FROMAGES • Artisans du Québec

Suzanne Latour
FROMAGERIE DU VIEUX ST-FRANÇOIS
Laval

Depuis 1996

Particularités :   fromages fermiers au lait de chèvre du troupeau de race Saanen

Suzanne œuvre en production laitière caprine sur sa ferme Au Clair de Lune depuis 1982. Son beau troupeau de chèvres de race Saanen est renommé au pays pour la quantité et la qualité de son lait. Les pratiques d'agriculture écologiques adoptées à la ferme participent également à sa notoriété.

C'est dans un secteur agricole et paisible de Laval, à proximité de la rivière des Mille-Îles que Suzanne décide de construire une fromagerie jouxtant la ferme, souhaitant ainsi transformer le lait de son troupeau et partager sa richesse. Aujourd'hui, Samuel, son fils, assume la charge de la ferme.

Laval

LE RASSEMBLEU

Fromage au lait de vache, pâte ferme et persillée, croûte grise, naturellement fleurie, affiné 3 mois

Apparence et odeur :   croûte grise, naturellement fleurie, pâte crème à jaune pâle, veinée de bleu

Texture :   ferme et friable

Plaisirs en bouche :   équilibre de champignons frais et de caramel

Le Fou du Roy
Fromage au lait de vache, pâte demi-ferme, croûte lavée

Le Fleuron
Fromage au lait de vache, pâte demi-ferme, persillée, croûte naturelle

Le Ménestrel
Fromage au lait de vache, pâte ferme, pressée et cuite, croûte dorée à cuivrée

À découvrir sur place :   Troubadour fort, La Galette, ainsi que le *gelato* au fromage en quatre saveurs

France Dion et Ronald Alary
LES FROMAGIERS DE LA TABLE RONDE
Sainte-Sophie

Depuis 2003

Particularités :   fromages fermiers au lait biologique de vache du troupeau de la Ferme Alary

Réunis autour d'une table « ronde », il va de soi, les membres de la famille Alary ont su pousser plus loin leur désir de contribuer aux plaisirs des fins gourmets en élaborant d'abord un plan d'affaires où tous les membres du clan joueraient un rôle important et qui comprendrait ultimement la production de fromages fins.

Ainsi, si certains voient à l'élevage à la ferme certifiée biologique, d'autres s'affairent à fabriquer du fromage.

Ronald, qui a travaillé sur des programmes d'agriculture et de fromagerie à l'étranger, intéresse son fils Gabriel à ce beau projet. Évoquant l'esprit familial qui habite ces artisans, le premier fromage, Le Rassembleu, voit le jour.

Brigitte et Michel étaient des professionnels du secteur pharmaceutique lorsqu'ils se sont rencontrés. Partageant tous deux le rêve de vivre à la campagne, ils dénichent ce beau verger dans les Basses-Laurentides.

Après une première année de « pommes », ils se lancent dans la production laitière et la construction de la fromagerie. En décembre 2007, 60 brebis gestantes posent la patte sur la ferme.

Dès le printemps débute la fabrication de fromages d'un lait riche en matières fromagères à saveur distincte, puisque les brebis ont droit à leur pomme quotidienne. Et puis, on utilise ici du jus de pomme pour laver la croûte des fromages.

FROMAGES • Artisans du Québec

Brigitte Maillette et Michel Guérin
LES FROMAGES DU VERGER
Saint-Joseph-du-Lac

Depuis 2008

Particularités : fromages fermiers au lait de brebis du troupeau de races East Friesian et Lacaune

BREBICHON

Fromage au lait de brebis, pâte molle, croûte mixte lavée à la pomme, affiné 21 à 60 jours

Apparence et odeur :	croûte légèrement rosée, odeur animale et florale
Texture :	crémeuse et fondante
Plaisirs en bouche :	lactique, boisé, animal, salé

Le Louché
Fromage au lait de brebis, pâte fraîche, sans croûte
Le Bohème
Fromage au lait de brebis, pâte ferme, croûte lavée
Le Pommé
Fromage au lait de brebis, pâte ferme (à la pomme), croûte lavée
Les Bouchons de la fromagère
Fromage au lait de brebis, pâte dure, sans croûte

À découvrir sur place :	Le Volage, Les Pommettes du Berger, ainsi que le yogourt et les produits de la pomme

LE DIABLE AUX VACHES

Fromage au lait de vache non pasteurisé, pâte molle, croûte lavée, affiné 60 jours

Apparence et odeur	croûte rosée, pâte ivoire
Texture :	souple et onctueuse
Plaisirs en bouche :	lactique, herbacé, noisette

Le Casimir
Fromage au lait de vache non pasteurisé, pâte molle, croûte fleurie

Le Cru des Érables
Fromage au lait de vache non pasteurisé, pâte molle, croûte lavée à l'alcool d'érable

Le Sieur Corbeau des Laurentides
Fromage au lait de vache non pasteurisé, pâte demi-ferme, croûte mixte

FROMAGES • Artisans du Québec

Gérald Brisebois
LES FROMAGES DE L'ÉRABLIÈRE
Mont-Laurier

Depuis 2000

Particularités :   fromages au lait de vache d'un seul troupeau de la région

Gérald Brisebois a chéri cette idée longuement. Initiateur de deux autres projets dans le secteur laitier et convaincu de la qualité du lait produit dans la région, il savait à quel point cela pouvait donner des fromages fins typés.

Il décide donc de bâtir la fromagerie au cœur de l'érablière familiale, dans un cadre particulièrement séduisant ; la nature à son meilleur.

Puis, Isabelle, sa fille, et son conjoint Steve Panneton se sont portés acquéreurs de la fromagerie en 2010, résolument enthousiasmés et fiers de poursuivre la croissance de l'entreprise familiale.

CURÉ LABELLE

Fromage au lait de vache, pâte demi-ferme avec de petites ouvertures, croûte lavée, affiné 30 à 40 jours

Apparence et odeur :	croûte orangée avec une fine couche blanche de *Penicillium*, odeur prononcée de champignons
Texture :	croûte granuleuse, pâte souple
Plaisirs en bouche :	arôme de beurre

Windigo
Fromage au lait de vache, pâte ferme avec ouvertures, croûte lavée
Wabassee
Fromage au lait de vache, pâte demi-ferme, croûte lavée
Duo du Paradis
Fromage au lait de vache et de brebis, pâte demi-ferme, croûte lavée

À découvrir sur place :	fromage frais en grains, nature et aromatisé

FROMAGES • Artisans du Québec

Francine Beauséjour
FROMAGERIE LE P'TIT TRAIN DU NORD
Mont-Laurier

Depuis 1998

Particularités : fromages au lait de vache et de brebis d'un seul troupeau de la région

En 2001, Francine Beauséjour et Christian Pilon, son conjoint, achètent la fromagerie, souhaitant poursuivre la mission du premier propriétaire, soit de fabriquer des fromages de grande qualité possédant ce petit « je-ne-sais-quoi » typique de la région.

La fromagerie proposait déjà le Windigo. La créativité étant au rendez-vous, d'autres fromages fins se sont ajoutés à la gamme. Les fromagers voulaient proposer des produits intègres faits de matières premières de choix pour ainsi assurer la continuité d'une tradition fromagère authentique née dans les Hautes-Laurentides.

Laurentides

TÊTE À PAPINEAU

Fromage au lait de vache, pâte demi-ferme, croûte lavée, affiné 35 à 60 jours

Apparence et odeur :	croûte rosée avec un peu de blanc et de brique
Texture :	souple
Plaisirs en bouche :	douceur, pointe d'acidité, arôme de crème fraîche, légèrement herbacé

Manchebello
Fromage au lait de brebis, pâte ferme, croûte mixte

À découvrir sur place :   fromage frais en grains

Alain Boyer
FROMAGERIE MONTEBELLO
Montebello

Depuis 2011

Particularités :   fromages au lait de vache d'un seul troupeau de la région

Alain caressait le rêve d'ouvrir sa fromagerie depuis plusieurs années. En fait, cela remonte alors qu'il travaillait à la fromagerie de Plaisance, dans un village voisin, une entreprise qui, à une certaine époque, avait le vent dans les voiles.

Après la fermeture de cette fromagerie, Alain s'est dirigé vers un autre travail, sans oublier les beaux jours passés à fabriquer du fromage. Avec son collègue Guy Boucher, ils se sont récemment lancés dans l'aventure.

À peine quelques mois après l'ouverture, on trouve déjà deux fromages affinés de grande qualité qui ne tarderont pas à faire le tour de la province ! Parions aussi que la petite famille des fromages s'élargira bientôt.

LA PETITE FOLIE

Fromage au lait de brebis, pâte molle, sans croûte, non affiné

Apparence et odeur :	pâte blanche, odeur de lait frais
Texture :	crémeuse, veloutée
Plaisirs en bouche :	arôme riche de lait de brebis, disponible en trois saveurs

La Coulée douce
Fromage au lait de brebis, pâte demi-ferme, croûte lavée au cidre de pomme

L'Apprenti sorcier
Fromage au lait de brebis et de vache, pâte molle, croûte fleurie

Le Fou Fou Feta
Fromage de type feta au lait de brebis, pâte molle, sans croûte

À découvrir sur place :   fromage frais en grains, fromages de chèvre et fromages aromatisés

FROMAGES • Artisans du Québec

Maggie Paradis et Christian Girard
LA FROMAGERIE LES FOLIES BERGÈRES
Saint-Sixte

Depuis 2009

Particularités : fromages fermiers au lait de brebis du troupeau de races East Friesian et Lacaune,
lait de chèvre du même village,
lait de vache d'élevages de la Petite-Nation,
deux fromages lavés avec des alcools produits dans la région

Au terme d'une carrière bien remplie dans les Forces canadiennes, Maggie et Christian ont opté pour l'agriculture. « Un saut de mouton », précise Maggie, puisque les producteurs ont choisi d'élever des brebis laitières dans le but de fabriquer du fromage.

Dans le joli patelin de Saint-Sixte dans la Petite-Nation, ils rêvaient d'une entreprise ovine. C'est en 1998 que l'aventure débute. « Christian travaillait à l'extérieur. L'amour que je porte envers les animaux m'a propulsée. À sa retraite, nous étions deux à nous occuper des bêtes, j'ai donc pris le chemin de la fromagerie. »

Considérons-les être les premiers en Outaouais et les troisièmes au Québec à s'aventurer dans cet élevage.

Outaouais

En 1990, Hélène et Christian se portent acquéreurs de la ferme appartenant à la famille Barrette depuis quatre générations. Souhaitant diversifier leurs activités, l'idée de créer une fromagerie a fait son petit bout de chemin. Six ans plus tard, on assiste à son inauguration.

De fromage frais en grains à cheddar affiné, Le Cru du Clocher a été vite apprécié des gens de la région, en plus de créer une demande ailleurs au Québec.

En décembre 1999, un malheureux incendie emporte une partie du troupeau et l'étable qui l'abritait. Les fromagers se sont donc tournés vers les producteurs voisins dont les pratiques d'élevage correspondaient à leur vision pour maintenir l'approvisionnement en lait de qualité.

Hélène Lessard et Christian Barrette
LE FROMAGE AU VILLAGE
Lorrainville

Depuis 1996

Particularités :   fromages au lait de vache de trois troupeaux de la région

LE CRU DU CLOCHER

Fromage de type cheddar au lait cru de vache, pâte ferme, sans croûte, affiné 6 mois

Apparence et odeur :   pâte ivoire, odeur fraîche et lactique
Texture :   pâte fondante
Plaisirs en bouche :   beurre fondu, noisette

Le Cru du Clocher Réserve
Fromage de type cheddar au lait cru de vache, pâte ferme, sans croûte, affiné 2 ans
Fleurs d'ail
Fromage au lait de vache, à pâte ferme, sans croûte, non affiné

À découvrir sur place :   fromage frais, en grains et aromatisé

LES FROMAGERS ARTISANS PAR RÉGION

Abitibi-Témiscamingue

ARTISAN AU QUOTIDIEN

Pour moi, fromager fermier, les nuits d'été sont courtes. Tôt le matin, pendant que ma douce termine la traite des brebis, j'écoute la météo, histoire de vérifier si dame Nature sera indulgente, nous permettant ainsi de grossir les réserves de bon foin.

C'est dimanche, le lait est prêt, le soleil brille, les employés sont en congé, les animaux broutent et je m'active.

Avant que la rosée ne s'évapore, j'achemine le lait de la ferme vers la fromagerie. Je désinfecte l'équipement de transformation, je prépare le registre de production, je mets le lait à chauffer, je vérifie les paramètres et je retourne à la maison pour endosser mes vêtements d'ouvrier agricole.

Au champ, je fauche plusieurs acres de foin. C'est magique ! L'espace, l'air pur, la solitude, la présence d'une faune diversifiée, le soleil qui s'amuse à me cuire sournoisement les bras et le visage… Mais il y a aussi de la tension, car il faut bien faire les choses ; vérifier si l'on coupe les plantes au bon stade de croissance, jamais trop près du sol ; surveiller le ronron de la faucheuse du coin de l'œil. Deux heures plus tard, je reviens à la maison, je prends une douche, je change mes vêtements, j'enfile une bouchée et je repars vers la fromagerie.

Le lait est prêt pour la transformation. Je mesure le pH, j'ajoute les ferments, je surveille la transformation lente du caillé en grains de fromage, je reprends le pH, je réchauffe, je verse dans les moules, je presse et je nettoie.

C'est l'heure du souper avec ma bergère. Les nouveaux fromages s'égouttent pendant que je fais un peu de travail administratif. Déjà 21 h ! Je quitte mon nid pour retourner vers les tommes qui attendent d'être démoulées et mises au repos pendant la nuit. Un dernier survol des caves d'affinage, je termine le nettoyage et je prépare les tâches du lundi.

On y est presque quand j'arrive à la maison. Je tombe dans mon fauteuil, un peu fatigué, mais satisfait de ma journée. Tout à coup surgit une pensée et c'est clair : quel beau métier je fais ! Par passion, par choix et par amour. Quelle noblesse !

Pascal-André Bisson
Fromager fermier

FROMAGES • Artisans du Québec

FROMAGE FERMIER OU ARTISANAL ?

Dans cet ouvrage, vous trouverez la mention « fromage fermier » à plusieurs reprises. En plus d'être produits dans une fromagerie de petite taille comme tous les fromages artisanaux, les produits fermiers voient le jour dans une fromagerie située sur une ferme familiale. Alors que certains membres de la famille s'occupent de la production fromagère, d'autres soignent les bêtes ou cultivent les champs.

C'est justement aux champs que l'aventure débute lorsque les animaux en santé, bien nourris et non surmenés se régalent de fourrages de grande qualité, constitués d'herbe, de plantes fleuries, de foin, de racines et de feuilles. En hiver, la même nourriture leur est servie, bien qu'en foin sec.

Le lait utilisé en fromagerie est donc frais et déjà typé en fonction de certaines conditions. Il est lié à son terroir et provient directement de la traite du troupeau.

Le respect de l'environnement, à travers des pratiques agricoles respectueuses des sols et des animaux, fait partie des priorités des artisans fromagers.

Quant à l'agriculture biologique, un mode choisi par certains, c'est le gage de normes supérieures, malgré les défis engendrés par une telle production.

Si le fromager artisan n'est pas le propriétaire de son troupeau, on identifie sa production d'« artisanale », omettant la mention « fermière ».

Soucieux d'obtenir le meilleur lait disponible, l'artisan cherchera d'abord à s'approvisionner dans sa région immédiate, ce qui lui permettra un regard sur les pratiques d'élevage de l'agriculteur, tout en évitant le transport inutile du lait. La qualité de son fromage en dépend.

Dans tous les cas, les artisans présentés dans cet ouvrage fabriquent des fromages faits uniquement de lait entier, qui ne contiennent aucune substance laitière modifiée.

FROMAGES • Artisans du Québec

RENDEZ-VOUS FROMAGER

L'Association des fromagers artisans du Québec (AFAQ), créée à l'aube de 2009, regroupe les fromagers fermiers qui ont la reconnaissance, la valorisation et les droits du secteur fromager artisanal à cœur. Louis Arsenault, fromager artisan, en est le président fondateur.

Les fromagers souhaitent faire connaître le métier ainsi que la qualité des fromages qu'ils créent et fabriquent. Ensemble, ils ont conçu le projet d'un événement distinct sous la forme d'un festival itinérant, auquel artisans et amateurs sont invités.

La première édition a eu lieu en 2011, à la Fromagerie Médard à Saint-Gédéon, au Lac-Saint-Jean. Le succès a été tel qu'un second rendez-vous a déjà été fixé les 21 et 22 juillet 2012 chez Les Fromagiers de la Table Ronde à Sainte-Sophie, dans les Laurentides.

Souhaitons longue vie à ce rendez-vous qui jette un regard sur un métier noble, sur le rôle de l'artisan qui nourrit les gens de son village et qui favorise le dynamisme de sa région.

Et, bien entendu, il s'agit d'une chance inouïe de découvrir, de goûter et de se procurer des fromages d'une qualité enviable.

Les prix de l'École de laiterie relèvent d'un jury d'experts qui se réunit chaque année au mois de mai. Un nombre grandissant de fromages sont présentés et soumis à une évaluation rigoureuse. Les juges, plus d'une vingtaine, sont soigneusement triés sur le volet en fonction de leur expertise.

Les fromages sont présentés selon leur mode d'affinage. Chaque juge note l'odeur, l'apparence, la texture, la saveur et, surtout, l'arôme. La somme des points obtenus détermine les finalistes dans chaque catégorie. En tout, on trouve 21 classes correspondant aux types de pâtes fromagères, d'affinage ou de lait utilisé et séparant les concurrents en fonction de la taille de l'entreprise où les fromages sont fabriqués.

Les gagnants de chaque catégorie accèdent alors à la table des finalistes. Par consensus, le jury choisit parmi tous ces excellents produits, les trois fromages les plus méritants, leur attribuant le Caseus d'or, le Caseus d'argent et le Caseus de bronze.

Pour déterminer les Prix du public, une équipe du Festival des Fromages Fins de Victoriaville sillonne le Québec et présente les fromages en compétition, cédant le vote aux consommateurs. Trois fromages, soit un fromage à pâte molle, un second à pâte demi-ferme et un troisième à pâte ferme, sont couronnés.

Par conséquent, l'ensemble des prix de l'École de laiterie, dont les trois grands champions, ainsi que les trois prix du public, constitue la Sélection Caseus de l'année, qui récompense les fromages qui se démarquent parmi quelque 200 en compétition.

Le logo Sélection Caseus apposé sur les fromages est un gage de qualité. Mais n'ayez crainte : si celui que vous préférez ne se retrouve pas dans cette prestigieuse sélection, il n'en est pas pour autant relégué au rang des oubliés. Il y a bien plus que 24 excellents fromages produits au Québec !

FROMAGES • Artisans du Québec

LE CONCOURS SÉLECTION CASEUS

Le mot latin *caseus* signifie « fromage ». Pour les initiés, Sélection Caseus, c'est le grand concours des fromages du Québec, une compétition annuelle où s'affrontent les meilleures meules produites dans la province.

Cette prestigieuse compétition a été créée en 1999, alors que l'industrie fromagère était en pleine mutation. C'est dans ce contexte que l'Institut de technologie agroalimentaire, campus de Saint-Hyacinthe, héritière naturelle de l'École de laiterie, et le Festival des fromages de Warwick conjuguent leurs efforts pour lancer la première édition.

À côté d'usines fromagères établies naissent des fromageries artisanales, et ce, de l'Abitibi-Témiscamingue aux Îles-de-la-Madeleine. Le nombre de fromages désormais fabriqués explose ; leur qualité s'affine. Il devient impératif de faire connaître l'excellence des fromages produits chez nous. Le succès est immédiat : les fromagers sont récompensés et les amateurs n'attendent que les résultats pour se régaler de fromages couronnés.

Aujourd'hui, deux concours coexistent, soit celui de l'École de laiterie, administré par l'Institut de technologie agroalimentaire, campus de Saint-Hyacinthe, et le Prix du public géré par le Festival des Fromages Fins de Victoriaville.

La qualité des fromages créés par les artisans du Québec est aujourd'hui reconnue. Plusieurs d'entre eux ont mérité les honneurs lors de prestigieux concours, et ce, à plus d'une reprise.

Le talent de nos artisans rayonne largement au-delà de nos frontières, que ces maîtres d'œuvre soient couronnés au Concours Sélection Caseus au Québec, aux Grands Prix des Fromages Canadiens au pays ou à l'American Cheese Society aux États-Unis.

Il serait périlleux de tenter d'énumérer, dans cet ouvrage, toutes ces distinctions méritées par les artisans, au risque d'en oublier plusieurs.

À mes yeux et à mes papilles, ils sont tous champions !

Plusieurs amateurs ont fréquenté le Festival des fromages de Warwick au cours des seize années de son existence et ont été ravis par leurs découvertes.

Depuis 2011, cet événement est déménagé à Victoriaville, dans des espaces plus spacieux, permettant de poursuivre sa croissance et sa mission.

PÂTE FERME

Zacharie Cloutier
Fromagerie Nouvelle France

PÂTE MOLLE, MEULE CARRÉE

14 Arpents
Fromagerie Médard

**PÂTE DEMI-FERME,
MEULE GRAND FORMAT**

Comtomme Signature
Fromagerie La Station

L'ART DE LA DÉCOUPE

PÂTE MOLLE À DEMI-FERME

Laracam
Fromagerie du Champ à la Meule

PÂTE DEMI-FERME ET PERSILLÉE

Le Bleu d'Elizabeth
Fromagerie du Presbytère

LE GAULOIS DE PORTNEUF
Fromagerie de la Ferme Ducrêt

ZACHARIE CLOUTIER
Fromagerie Nouvelle France

COMTOMME
Fromagerie La Station

Pour une réception « 5 à 7 » ou en fin de repas, on peut prévoir entre 50 g et 75 g au total pour chaque convive.

Lorsqu'il s'agit d'une dégustation qui tient lieu d'un repas, on peut prévoir jusqu'à 200 g au total pour chaque convive.

LE PONT-BLANC
Fromagerie Au Gré des Champs

LE RASSEMBLEU
Les Fromagiers de la Table Ronde

KÉNOGAMI
Fromagerie Lehmann

LE PLATEAU

À toute heure et dans toutes les circonstances, de l'entrée au dessert, sans oublier le « 5 à 7 », le plateau de fromages artisanaux du Québec se taille une renommée enviable. Synonyme de fraîcheur et d'unions subtiles dans le but de ravir les sens, il doit laisser l'empreinte d'un souvenir délicieux.

Deux ou trois fromages suffisent pour apprécier pleinement l'expérience. Un trop grand choix pourrait solliciter les papilles et l'estomac au point d'en perdre l'intérêt. Tenant compte de ses goûts personnels, on propose donc une variété ainsi qu'une quantité appropriée pour rassasier ses convives.

Ravi, l'œil remarque la fraîcheur des fromages. Mis en valeur sur un support naturel de bois, d'osier, de marbre, de verre ou d'ardoise pour ne pas altérer le goût, les fromages sont mis à nu, sauf les fromages trop coulants qui, sans leur boîte ou une petite assiette creuse supportant leur mollesse, menaceraient de s'étendre plus qu'ils ne le devraient, envahissant ainsi l'espace du voisin.

Selon l'événement et le nombre de convives, on peut opter pour une meilleure variété, où les pâtes fraîches, les pâtes molles, les pâtes demi-fermes, les pâtes fermes et les pâtes dures seront présentées, qu'elles soient au lait de chèvre, de brebis ou de vache.

Chaque fromage tiendra la vedette à tour de rôle en commençant par le fromage de chèvre, suivi du fromage de brebis, puis du fromage au lait de vache. Le premier sera doux, suivi par celui au caractère un peu plus prononcé, pour se terminer par le fromage aux saveurs les plus puissantes.

Il convient de placer les fromages les plus puissants au centre et les plus doux à l'extérieur du plateau, voisins des petits fromages et des pâtes molles.

JAC LE CHEVRIER
Fromagerie Jac le Chevrier

LARACAM
Fromagerie du Champ à la Meule

LOUIS D'OR
Fromagerie du Presbytère

Ces substances migrent vers le nez pour procurer un éventail de sensations olfactives. Variées et nombreuses, elles évoquent des odeurs de noisette, d'amande, de champignon, de pomme fraîche... La liste n'a de limite que l'habileté de chacun à détecter ces sensations et à décrire ce qu'il perçoit.

Pour s'y retrouver et partager ses impressions, la technique consiste, dans un premier temps, à identifier l'une des sept grandes familles aromatiques retrouvées dans les fromages : lactique, végétale, florale, fruitée, torréfiée, animale et épicée. Avec l'habitude, la sensation se précise. Par exemple, dans la famille aromatique « florale », on retrouve le miel, la rose, la violette ; dans la famille « animale », le bouillon de bœuf, la saveur caprine, le cuir, l'étable ; dans la famille « végétale », l'herbe, le chou, l'ail, l'oignon.

Les mots qui viennent spontanément à l'esprit pour décrire nos impressions olfactives peuvent avoir des connotations très personnelles. On peut parfois avoir de la difficulté à trouver les termes appropriés ; notre vocabulaire semble alors insuffisant pour tout décrire.

Mais l'essentiel, c'est ce verdict éclairé qui peut s'exprimer simplement en une phrase : « Mon Dieu que ce fromage est bon ! »

L'AVENTURE SENSORIELLE

Le choix et la dégustation d'un fromage sollicitent la vue, le toucher, le goût et l'odorat.

LA VUE

Un fromage peut charmer par sa couleur, sa forme, sa texture apparente (corps) et son côté appétissant. Une pâte molle doit-elle couler ou présenter un cœur blanc et crayeux ? Il n'existe pas de dogme ni de règle générale, mais plusieurs particularités. Par exemple, la présence d'ouvertures (trous) bien réparties guidera peut-être vers un fromage de bonne qualité, mais il serait dommage de passer à côté d'un excellent fromage qui privilégie le goût aux trous ! Si certains préfèrent la saveur champignonnée, ils se tourneront vers une croûte duveteuse et blanche. Les plus aventureux considéreront une croûte légèrement tourmentée, parsemée d'orangé, de bleu ou une pâte molle moins conventionnelle. Opter pour les caractéristiques visibles du type de fromage est un premier gage de qualité.

LE TOUCHER

Le toucher permet d'évaluer la texture du fromage et son degré d'affinage. Les fromages affinés perdent leur texture originale à la suite de la digestion lente de leurs protéines constitutives. Les effets apparents varient d'un type de fromage à un autre. Pour évaluer une pâte molle, il s'agit de tenir la meule entre les doigts, sans la déballer. Si elle est ferme, l'affinage n'est pas complété, si elle est souple et molle, la pâte initialement friable et plâtreuse est devenue onctueuse, les protéines insipides s'étant transformées en molécules aromatiques, riches en saveur. Dans le cas d'un cheddar fort, la pâte ne sera pas coulante, mais un bon affinage lui fera perdre son élasticité initiale et il s'égrainera.

LA SAVEUR

Surprise ! La variété des saveurs n'est pas au rendez-vous, car la langue ne perçoit que quatre saveurs : salée, acide, sucrée et amère. Tous les fromages sont salés et plus ou moins acides ; certains sont légèrement sucrés. Quant à la saveur amère, heureusement rare, elle indique généralement des défauts d'affinage et risque de vous laisser une bien mauvaise impression.

Sans excès, le sel rehausse tous les arômes du fromage. Cet ingrédient indispensable joue plusieurs rôles. Réduire sa quantité peut entraîner des problèmes techniques.

Quant à l'acidité, elle caractérise surtout les fromages jeunes. Pendant leur maturation en cave, les fromages perdent leur acidité initiale au profit de saveurs plus caractéristiques. Chaque fromage doit présenter en bouche un équilibre entre les saveurs salée et acide auxquelles peut s'ajouter une touche de sucré. Cette touche subtile ne provient paradoxalement pas des sucres que pourrait contenir la pâte, mais de substances découlant de la dégradation des protéines et des peptides. Comme quoi dans le fromage, rien n'est simple !

En bouche, des sensations désignées « trigéminales », provenant de substances présentes en faible quantité, donnent une impression de piquant. Ce type de réactions avec les cellules de la muqueuse buccale est encore mal connu.

L'ARÔME

Ce n'est donc pas par la langue, mais bien par le nez que nous découvrons le meilleur d'un fromage. Lors de la mastication, un ensemble de substances aromatiques se libèrent.

Plusieurs mois, et parfois quelques années, seront nécessaires pour développer tout ce potentiel aromatique, délicat et équilibré.

Tous les fromages subissent, à divers niveaux, l'action des ferments lactiques naturellement présents dans le lait cru ou ajoutés au début de la fabrication fromagère. Cependant, l'affinage des fromages à croûte lavée ou fleurie est trop court pour que l'action des enzymes lactiques soit prépondérante.

Dans le cas des fromages de type suisse, la cuisson de la pâte détruit un certain nombre de bactéries. Celles qui résistent à ce traitement se développent en l'absence d'air et produisent du gaz carbonique. Ces bactéries, les propioniques, forment des bulles dans la pâte, les « yeux » ! L'acide spécifique, produit en même temps, contribue à l'arôme du fromage, associé au goût de noix ou de noisette. La pâte fromagère doit supporter la pression interne qui se produit lors de l'accumulation du gaz, aussi doit-elle être très élastique lorsque le fromage est jeune.

L'affinage reste une option. Certains fromages sont mis en marché dès la fin de leur égouttage, laissant alors une saveur acidulée et des arômes de lait, de beurre ou de yogourt. Il peut s'agir d'un choix, comme dans le cas du fromage en grains, ou d'une obligation technique, comme dans le cas du fromage à la crème.

Avec, au départ, un nombre limité d'ingrédients, deux types de coagulation, des techniques d'égouttage qui permettent une variété de combinaisons sélectionnant des micro-organismes générant une infinité de saveurs et d'odeurs, il n'est pas étonnant qu'au Québec seulement nous puissions identifier plus de 600 fromages différents… un univers de plaisirs gustatifs !

L'AFFINAGE

DONNER DU GOÛT AUX CROÛTES OU DE LA SAVEUR AU CŒUR ?

Le fromager a deux options, soit d'affiner le fromage en surface pour la formation d'une croûte ou de l'affiner dans la masse. Là encore, quelques exceptions confirment les règles.

LES CROÛTES FLEURIES

Elles se reconnaissent à leur duvet blanc, constitué de moisissures appelées *Penicillium camemberti* par les microbiologistes. Les fromages doivent être suffisamment humides pour créer un milieu propice à leur développement. C'est le cas des pâtes molles comme le camembert, le brie, les bûches de chèvre et les autres fromages de cette famille. Jeune, le fromage dégage une nette odeur de champignons, mais au fur et à mesure que les moisissures produisent des enzymes, les constituants du fromage se transforment et une saveur caractéristique de plus en plus corsée se développe en même temps que la pâte devient coulante. Après plusieurs semaines, un arôme d'ammoniaque peut même apparaître. Les connaisseurs le consommeront juste avant ce stade.

LES PÂTES PERSILLÉES

Toutes les moisissures ont besoin d'air pour se développer, cependant certaines peuvent le faire avec une moins grande quantité que d'autres. C'est le cas des *Penicilium roqueforti* de couleur verte ou bleue. Si les grains de fromage ne sont pas trop pressés et les meules percées à l'aide d'aiguilles, l'air pourra circuler dans le fromage et permettre à cette moisissure de se développer. Au bout de trois mois, l'intérieur sera persillé de courants bleus responsables d'une saveur piquante et d'un arôme relevé.

LES CROÛTES LAVÉES

Vers la fin du Moyen Âge, les moines trappistes avaient pris l'habitude de laver la surface des tommes avec une solution fortement salée. Le sel empêche le développement de certains micro-organismes et favorise la sélection d'une flore particulière, constituée de levures et de bactéries. En début d'affinage, la présence de levures diminue l'acidité du fromage pour préparer le développement d'une bactérie unique, la *Brevibacterium*, aussi appelée ferment du rouge.

Ce lavage donne un aspect visqueux et une couleur allant du jaune paille à l'orangé en surface. Très polyvalente, cette bactérie se développe aussi bien sur une pâte molle que sur une pâte demi-ferme ou ferme. Les arômes puissants et persistants résultent de la dégradation des protéines. Pour décrire cette odeur caractéristique, les spécialistes parlent d'une odeur protéolytique. Entre nous, nous parlons d'une « odeur de petits pieds ».

LES FROMAGES AFFINÉS DANS LA MASSE

Dans ce cas, l'affinage se produit à l'intérieur, en l'absence d'air. Aujourd'hui, les fromages sont souvent emballés sous vide pour réduire les pertes par dessèchement. Autrefois, ils étaient enduits de cire. À la longue, les bactéries meurent, ce qui permet la libération de leurs enzymes.

FROMAGES • Artisans du Québec

LE CENTRE D'EXPERTISE FROMAGÈRE DU QUÉBEC

Fondé en 2010, le Centre d'expertise fromagère du Québec est un organisme de soutien et une banque d'expertise et de ressources destinées à la petite fromagerie.

Les priorités : offrir des services techniques pour aider les fromageries à améliorer leur production, organiser des formations pointues et tisser des liens avec des organismes similaires en Europe, par exemple.

Voilà un grand pas franchi favorisant le développement de cette industrie déjà renommée et aidant les fromagers à se distinguer dans le monde !

plus malléable et se prête à de multiples opérations sans se liquéfier. Il sera donc à l'origine des fromages à pâte molle aussi bien que des fromages à pâte demi-ferme, ferme ou dure.

Lactique, présure ou, pour les indécis, un peu des deux, la coagulation se termine par le « décaillage », une opération qui consiste à casser le caillé, généralement en le coupant en petits cubes de 1 à 2 centimètres à l'aide d'un tranche-caillé. L'égouttage peut alors commencer.

L'ÉGOUTTAGE : LENT OU PRESSÉ ?

Pressé comme rapide ou pressé comme un citron ? Un peu des deux. Pour mettre cette étape en perspective, un égouttage lent dure de 12 à 24 heures et donne des fromages humides ; un égouttage rapide peut, dans certains cas, prendre aussi peu que quatre heures. Il convient à des pâtes fermes ou dures.

Dans le cas des fromages à pâte molle, le caillé, coupé en cubes, est versé dans des moules perforés. Une partie du petit lait, essentiellement l'eau contenue dans le lait, s'égoutte doucement en entraînant du sucre, des minéraux et quelques protéines solubles. Les bactéries lactiques disposent alors de tout le temps nécessaire pour acidifier le fromage. La combinaison acidité et humidité favorisera le développement en surface de moisissures.

Pour des fromages plus secs, l'eau doit sortir énergiquement et rapidement. Un chauffage léger, entre 37 °C et 55 °C, contracte les grains de caillé, forçant la sortie rapide du sérum laitier. De 30 minutes à deux heures suffisent généralement pour une bonne cuisson.

Après avoir été chauffé, le caillé peut être pressé. Il est versé dans des moules et placé sous des presses hydrauliques puissantes. L'eau ne peut alors que s'écouler pour donner des fromages à pâte demi-ferme si le caillé est uniquement pressé et à pâte ferme s'il est pressé et cuit. Ces deux types de fromages, égouttés plus rapidement, n'auront pas le temps de s'acidifier, ce qui leur permettra de conserver la texture initiale du gel, plus souple et plus élastique.

Les techniques d'égouttage combinent cuisson, pressage, lavage de la pâte, retournement des moules, hachage ou salage. Le fromager doit donner à toutes ces actions une intensité propre pour diversifier les fromages et pour orienter l'affinage.

FABRIQUER UN FROMAGE, UN ART OU UNE TECHNOLOGIE ?

Un peu entre les deux. Le fromager mérite sans conteste et sans complexe le titre d'artisan, qu'il travaille dans un petit atelier ou en usine. Cet artisan fera naître, avec les mêmes ingrédients, une variété impressionnante de produits.

Quatre ingrédients suffisent pour faire du fromage : du lait, des ferments, de la présure et du sel. En apparence, la liste est simple, mais la complexité s'accentue selon la nature de ces ingrédients. Les ferments possèdent des caractéristiques propres aux organismes vivants. Ils sont changeants, sensibles à leur environnement et individuellement différents. Quant à la composition du lait, elle varie selon le lait utilisé, qu'il soit de vache, de brebis ou de chèvre, l'alimentation de l'animal et la saison, pour ne citer que les principaux facteurs. Le fromager devra mettre toute son expertise à contribution pour adapter les paramètres de fabrication qui peuvent varier au quotidien pour produire des fromages de qualité égale.

Un défi encore plus grand réside dans la variété des fromages, qui ne tirent leur originalité qu'à d'infimes différences dans les procédés de fabrication. Quelques degrés Celsius de plus ou de moins et le Mont-Jacob pourrait bien devenir une Raclette de Compton.

Au-delà des ingrédients de base, c'est le savoir-faire fromager qui favorisera l'essor de fromages aussi différents les uns des autres que sont le cottage du cheddar ou la Tomme du Kamouraska du Bleu de la Moutonnière. Le tout s'articulant autour de trois étapes primordiales, soit la coagulation du lait, l'égouttage d'un caillé et l'affinage des meules.

Essayons de comprendre ce qui se passe dans cet univers où enzymes et micro-organismes sont rois.

LA COAGULATION : LACTIQUE OU PRÉSURE ?

L'une ou l'autre et parfois les deux. Et tout commence dans un bassin. Si la taille de la chaudière varie entre les quelques litres de la fromagerie artisanale aux cuves automatisées de plus de 25 000 litres de lait à l'usine, la technique reste la même.

Après avoir évalué la qualité du lait, déterminé la quantité et pris la température, le fromager ensemence de ferments. Ces bactéries, soigneusement sélectionnées pour éviter quelconque intrus, se retrouvent naturellement dans des laits frais de bonne qualité.

S'il est patient, le fromager peut laisser agir ces micro-organismes pendant toute une nuit, favorisant une acidification lente du lait. Le lait se transformera doucement en un gel acide à l'odeur agréablement lactique proche de celle du yogourt. Ce caillé lactique s'égouttera spontanément et donnera naissance à des fromages à saveur acide, produisant une sensation de fraîcheur en bouche. C'est le cas des fromages de chèvre frais, des fromages à la crème et du cottage.

Mais la plupart d'entre eux étant plus pressés, ils utiliseront de la présure (une enzyme digestive extraite de l'estomac d'un jeune ruminant) pour coaguler le lait. Le contenu du bassin se gélifiera, mais cette fois en un temps record, une trentaine de minutes à peine. Le caillé présure possède des propriétés fort intéressantes. Il est plus souple,

LA BREBIS

Le développement du secteur fromager de spécialité a engendré un accroissement significatif du nombre de brebis laitières dans la province.

Tout comme la vache Holstein, la brebis laitière de race **East Friesian** est originaire de la province de Frise aux Pays-Bas. Grâce à une sélection génétique et une bonne alimentation, on a obtenu une brebis laitière généreuse, à tel point qu'on la compare à la Holstein du monde ovin. Très prolifiques, dociles et faciles d'adaptation, les sujets East Friesian ont été utilisés lors de croisements pour améliorer le rendement laitier et la prolificité d'autres races.

La **Lacaune** laitière est une race ovine française. Cette race est principalement en élevage dans la région de Roquefort, où le lait est utilisé en production fromagère sous cette appellation.

Robuste, la Lacaune se caractérise par une tête fine au profil légèrement busqué, sans corne, à la toison blanche. Son rendement laitier étant plus faible que la précédente, ses composantes sont plus concentrées. Certains producteurs québécois ont commencé à croiser les deux races, leurs qualités étant complémentaires.

Quant à la brebis laitière anglaise (**British Milk Sheep**), qui a été croisée en Angleterre, on en trouve à peine quelques-unes pour l'instant au Québec.

Très rustique, la chèvre du **Toggenbourg** nous parvient aussi de la Suisse. Son pelage va de fauve à sombre, caractérisé par deux lignes blanches tracées de l'oreille à la bouche. Elle est également une excellente laitière, bien que les taux de matières grasses et de protéines de son lait soient plus faibles que ceux d'autres races.

Les **Nubiennes**, originaires de la Nubie, en Afrique, sont calmes et sociables. Ces chèvres sont caractérisées par leur port altier, leur profil busqué et leurs très longues oreilles tombantes. Leur robe peut afficher toutes les couleurs.

D'abord reconnue pour sa fécondité, la Nubienne rend une qualité supérieure de lait. Avec un taux élevé de matières grasses et de protéines, ce lait est apprécié en production fromagère. Bien que ce soit la race la moins généreuse en ce qui a trait à la quantité de lait produit, ce lait de qualité, même mélangé en faible proportion avec le lait d'autres races de chèvres, permet d'améliorer le rendement.

Issue d'un croisement génétique parmi les plus importants réalisés chez les chèvres, la race **La Mancha** a été développée comme race laitière au début du siècle dernier à partir de chèvres espagnoles à oreilles courtes. Aujourd'hui, c'est un animal bien bâti et très productif, reconnu pour son caractère enjoué autant que pour la qualité et la quantité de son lait. Toutes les couleurs de robe sont permises. Ses oreilles sont très courtes, entre 2,5 et 5 cm, avec peu de cartilage.

LA CHÈVRE

La chèvre a accompagné les peuples depuis toujours. Plus petite que le bovin, mais très robuste, la chèvre s'est toujours bien adaptée en montagne. Un mammifère herbivore et ruminant, appartenant à la famille des bovidés, sous-famille des caprinés ou caprins, la chèvre a été domestiquée dès le début du Néolithique, vraisemblablement d'abord pour son lait, mais aussi pour sa viande, sa laine et sa peau.

Comme son nom le laisse penser, la chèvre **Alpine** est une race caprine française originaire des Alpes. De taille moyenne, elle se caractérise par sa robe chamois, bien qu'elle puisse passer du blanc pur au blanc taché de fauve, de gris, de brun, de roux… Cette excellente laitière est très présente au Québec.

La race **Saanen** est originaire de la Suisse. Elle possède de bonnes aptitudes laitières et un tempérament calme. Le blanc et le crème sont les seules couleurs de robe acceptées pour la race.

On peut considérer aujourd'hui que la Saanen est la race la plus répandue mondialement parmi les races laitières caprines, y compris chez nous. C'est un animal trapu, solide et paisible, qui présente de bonnes qualités laitières et qui s'adapte bien aux différents modes d'élevage.

La race **Ayrshire** provient du comté d'Ayr en Écosse. Classée laitière, elle produit de bonnes quantités de lait, un lait intéressant pour sa richesse en matières grasses, en protéines et en caséines, des propriétés optimales en production beurrière et fromagère.

C'est une espèce laitière rustique, de taille moyenne, vêtue d'une robe blanche parsemée de tons de brun ou de rouge. Elle serait plus adaptée aux sols acides avec un climat humide et froid, ce qui explique son succès chez nous.

La **Jersey** vient de l'île anglo-normande du même nom. Elle s'y est développée pratiquement isolée, préservant ainsi la pureté de la race.

La race jersiaise est, par contre, bien présente à l'étranger, en particulier dans les pays membres du Commonwealth, dont le Canada. Malgré sa petite taille, elle rend les meilleures quantités de lait par rapport à son poids.

Entre 1608 et 1610, des animaux ont été amenés au Québec en provenance de France, d'abord de la Normandie, puis de la Bretagne et de la Gascogne. Ils ont été désignés comme étant de la race « **Canadienne** », « Canadienne noire » ou « Canadienne française ». En 1850, la race Canadienne dominait au Québec, mais le Conseil de l'agriculture de l'époque n'encourageait pas les éleveurs dans cette voie. Cependant, une poignée d'entre eux ont voulu sauver la race en mettant sur pied une association et en caractérisant l'espèce. La nouvelle « Canadienne », qui vit surtout au Québec, demeure aujourd'hui la seule race laitière à avoir été développée dans le continent nord-américain. Le statut patrimonial officiel lui a été accordé par le gouvernement provincial en 1999.

Sa robe peut être assez sombre, allant du noir au brun, de fauve à roux. Elle a acquis une rusticité exceptionnelle et s'est adaptée aux conditions environnementales difficiles d'ici. Bien que de petite taille, elle est parmi les plus productives des races très anciennes. Son lait est reconnu pour son taux élevé de matières grasses et de protéines, des qualités essentielles à la fabrication fromagère.

LES ANIMAUX NOURRICIERS

Malgré une diminution importante du nombre de fermes en exploitation, le paysage rural québécois demeure ponctué d'élevages laitiers, dont la présence se remarque en circulant surtout sur les routes secondaires de la Belle Province.

LA VACHE

Parmi les vaches que nous voyons régulièrement aux champs, celles qui nous sont les plus familières sont certes de race **Holstein**. De stature imposante, avec leur robe blanche et noire, ces vaches constituent 90 % du cheptel québécois.

Originaire de Frise, aux Pays-Bas, la Holstein-Friesian est arrivée au Canada en 1881 via les États-Unis. C'est une championne mondiale pour ce qui est de la quantité de lait produit. Par contre, son lait est plus faible en protéines que celui de races moins prolifiques.

La **Brune**, appelée Brune des Alpes en France et Brune suisse en Suisse, est arrivée en Europe avec les barbares qui ont précipité la chute de l'Empire romain. Cette race s'est découvert une terre de prédilection dans les montagnes suisses.

La Brune a un bon potentiel laitier. Riche en matières grasses et en protéines, son lait est intéressant pour la production de fromages de qualité supérieure grâce à sa composition en caséines, une substance qui favorise la transformation du lait en fromage.

Présente dans le monde entier, elle doit sa popularité à sa bonne production laitière et sa capacité à s'adapter à tous les climats et à tous les milieux, y compris ceux du Québec.

LAIT CRU OU PASTEURISÉ ?

Le lait cru est le produit naturel directement sorti du trayon de la vache, de la chèvre ou de la brebis qui n'a subi aucun traitement thermique avant d'être utilisé pour la fabrication fromagère. Sa température ne doit jamais dépasser 40 °C. Pour conserver sa qualité, il doit être utilisé dans les 24 heures qui suivent sa traite.

Le lait thermisé ou préchauffé subit un traitement thermique court et peu poussé dont la température varie entre 59 °C et 65 °C, pendant 15 à 20 secondes. Ce traitement, tout en augmentant la sécurité du lait, ne provoque pas de grande modification dans sa composition. Il s'agit d'un compromis que certains trouveront acceptable, bien que les puristes du lait cru le considèrent comme trop accommodant.

Le lait pasteurisé subit un traitement thermique plus poussé avant sa transformation. Il peut être soit en discontinu à 63 °C pendant 30 minutes, soit en continu à 72 °C pendant 15 secondes. Ce traitement détruit toutes les bactéries pouvant provoquer des intoxications alimentaires. Par contre, il peut détruire aussi de nombreux amis du fromager, bactéries ou moisissures par exemple, utiles au développement d'arômes parfois inoubliables.

Dans la liste des ingrédients d'un fromage artisanal, la mention « lait cru » est faite lorsqu'il s'agit de lait n'ayant subi aucun traitement thermique ; la mention « lait non pasteurisé » est inscrite lorsqu'il s'agit de lait thermisé ; et la mention « lait », sans aucune autre précision, fait référence au lait pasteurisé.

LE LAIT

La norme veut que le mot « lait », lorsqu'utilisé seul, désigne le lait de vache. Pour les autres, il doit être accompagné du nom de l'espèce. On parle ainsi de lait de chèvre, lait de brebis…

Avant sa transformation en lait de consommation ou en fromage, le lait est le liquide nourricier des petits des femelles laitières, produit jusqu'au moment du sevrage.

> Le lait est un produit vivant qui se redéfinit d'une saison à l'autre. Le fromage artisanal connaît des variantes de texture, d'apparence et d'arômes. Ses caractéristiques sont donc déterminées par le lait duquel il est fabriqué, s'il s'agit d'un lait d'été ou d'hiver, par exemple.

Lorsque l'homme a commencé à domestiquer des animaux laitiers, il a commencé à les traire pour récupérer ce précieux liquide et, au fil des ans, des siècles et des millénaires, il a transformé ce lait en produits laitiers, surtout en fromage, qui était une façon naturelle d'en prolonger la conservation et de faire réserve de cet aliment de qualité.

En fromagerie artisanale, le lait constitue la matière première essentielle. En 1909, le Congrès international de la répression des fraudes définissait le lait comme suit : « Le lait est le produit intégral provenant de la traite totale et ininterrompue d'une femelle laitière bien portante, bien nourrie et non surmenée. Le lait doit être recueilli proprement et ne pas contenir de *colostrum* (lait sécrété par les mammifères femelles au cours des premiers jours suivant la parturition). »

Nos méthodes d'élevage ont beaucoup changé. Dans les pays industrialisés, devant la prolifération de l'ensilage (fourrage fermenté conservé en silo ou sous pellicule plastique) et des concentrés (aliments à base de céréales enrichies en protéines, en énergie et en minéraux) pour nourrir les femelles laitières, on peut s'interroger sur la définition de l'origine du lait.

Pour se développer, voire survivre, une plus grande transparence de la part des éleveurs dans leurs méthodes d'élevage serait souhaitable.

Les principaux animaux laitiers dont nous transformons le lait sont des animaux brouteurs (qui mangent de l'herbe en la prélevant sur place) et des ruminants (qui possèdent un estomac à trois ou quatre poches).

Idéalement, ces animaux devraient se trouver au pâturage au cours de la belle saison et être nourris au foin (fourrage sec destiné à l'alimentation du bétail) stocké dans la grange en hiver.

Quant à l'ensilage, il s'agit d'un aliment dénaturé, qui rend les animaux malades et les surmène.

Pour faire de bons et de grands fromages, nous n'aurons pas le choix de revenir à la philosophie de nos ancêtres, bien qu'avec les moyens d'aujourd'hui.

D'autres familles sont intimement liées à l'histoire laitière québécoise. C'est le cas des Chalifoux, qui opèrent depuis 1920 laiterie et fromagerie. De même, si l'on associe aujourd'hui le nom de Bergeron au gouda, c'est grâce à la troisième génération de fromagers qui a délaissé le cheddar pour se pencher sur la production de ce fromage d'origine hollandaise.

LES RELIGIEUX ET LE FROMAGE

Les communautés religieuses ont eu une influence certaine sur l'évolution de la fromagerie québécoise. Dès 1893, le Frère Alphonse Juin, moine trappiste, qui avait fabriqué le Port-du-Salut en France, crée le fromage d'Oka, un fleuron de notre patrimoine. En 1934, les Moniales Bénédictines s'installent dans l'Abbaye Mont-de-la-Rédemption à Mont-Laurier. Elles seront les premières femmes à élever des chèvres au Québec et à fabriquer du fromage de leur lait.

En 1943, les moines de l'Abbaye de Saint-Benoît-du-Lac se lancent dans l'aventure fromagère en créant les premiers persillés du Québec, dans les bâtiments de ferme qu'ils avaient acquis en 1912. En 1993, les religieuses de la congrégation chrétienne orthodoxe grecque fondent le Saint-Monastère-Marie-La-Vierge-Consolatrice, à Brownsburg.

DEPUIS LA CRISE

Après 1930, plusieurs laiteries, beurreries et fromageries s'installent dans les rangs de l'arrière-pays. Le Québec se tourne résolument vers la production laitière. Entre 1950 et 1970, la normalisation de la pasteurisation et les difficultés économiques vécues font en sorte que la fromagerie artisanale disparaît au profit des fromageries industrielles.

La fin des années 1970 marque l'époque du retour à la campagne de citadins qui se sont lancés dans la transformation du lait de chèvre et de brebis. Inspirés par les religieuses bénédictines de Mont-Laurier, René Marceau et Julie Chartier créent la Fromagerie Tournevent ; Micheline Allard, Mes Petits Caprices ; Denise Poirier, Ruban bleu. En 1977, Martine Gadbois fabrique à Saint-Lazare. Puis, il y aura Éliette Lavoie de la Ferme Floralpe, Colette Duhaime de La Biquetterie et Hélène Morin de la Ferme Chimo. Dès 1978, Lucille Giroux de La Moutonnière commence l'élevage de moutons et fera plus tard l'expérience de la fabrication de fromage avec le lait des femelles de son troupeau.

En 1977, le Français André Fouillet arrive au Québec et transmet son savoir-faire aux Fromagers réunis de Vaudreuil. En 1981, Fritz Kaiser lance une fromagerie et fabrique selon des méthodes apprises en Suisse. En 1984, Claude Bonnet, originaire de la région de La Brie, crée la fromagerie Damafro. À la même époque, Denis Cayer achète la section des fromages de spécialité de Laiterie de Chez-nous, à Saint-Raymond, et Georges Côté fait prospérer la Fromagerie Côté, à Warwick.

De nouveaux produits de spécialité voient le jour. Dans la région de Charlevoix, c'est Le Migneron ; dans le Centre-du-Québec, Le Mamirolle ; et dans Lanaudière, Victor et Berthold, Le Pizy, Le Capra…

Au début des années 2000, au plaisir des amateurs, le fromage de l'Isle d'Orléans reprend vie.

Nous saluons les Labbé, Dufour, Lessard, Chaput, Guitel, Dubois, Dufresne, Guilbault, Latour, Bouchard, Quirion, Proulx, Portelance, Poirier, Lehmann, ainsi que tous les autres artisans bâtisseurs qui ont pavé la voie à une nouvelle génération de fromagers.

Le potentiel de développement de petits ateliers dans nos régions est, plus que jamais, immensurable.

LA FROMAGERIE AU QUÉBEC

Dès le début de la colonie française, on fabriquait du fromage domestique à être consommé par les membres de la famille. Cette fabrication représentait aussi une excellente méthode de conservation du lait.

Inspirée des recettes et des traditions de son pays d'origine, la fromagerie domestique et archaïque était, sur l'île d'Orléans, déjà très active. Ainsi, dans la famille Aubin, on chuchotait, de mère en fille, les secrets de fabrication d'un fromage ancestral, le *Raffiné*. Héritée de la Champagne, en France, la recette de ce fromage, qui s'apparente au soumaintrain, a été apportée en terre québécoise vers 1635, ce qui en ferait possiblement le plus ancien fromage d'Amérique du Nord.

En 1892, la première école de laiterie du Canada ouvre ses portes à Saint-Hyacinthe. Dans les salles de classe se sont succédé les Perron, Bergeron, Chalifoux… Cet établissement, aujourd'hui appelé l'Institut de technologie agroalimentaire, campus de Saint-Hyacinthe, a contribué à la formation de la majorité des fromagers d'ici.

Après la conquête britannique, la production s'est surtout limitée au cheddar, fabriqué selon une méthode anglaise traditionnelle. La famille Perron de Saint-Prime, au Lac-Saint-Jean, dont le cheddar est renommé depuis 1885, représente fièrement quatre générations de fromagers. En 1893, la famille l'Étoile crée une fromagerie qui demeurera opérationnelle jusqu'à la fin des années 1990.

AVANT-PROPOS

Bienvenue dans le monde fromager ! Dans cet ouvrage, vous apprendrez non seulement les rudiments du métier, le vocabulaire, les nuances organoleptiques, mais aussi comment distinguer les fromages faits uniquement de lait entier, qu'il soit de brebis, de chèvre ou de vache.

Épaulée d'experts, je vous présente quelques-uns de nos meilleurs artisans québécois, « *la crème de la crème* », comme j'aime bien le dire.

Ils sont bourrés de talent, ces fromagers artisans ! Non seulement sont-ils doués, mais ils sont rigoureux, tenaces, créatifs, généreux, patients, fiers, opiniâtres à quelques occasions. Ce n'est certainement pas un métier de tout repos. Mais ils témoignent aujourd'hui de leur réussite !

Pour décrire leurs fromages, qui pourrait mieux le faire que les fromagers eux-mêmes ? En complément, quelques recettes de leur cru, où sont mis en valeur, en toute simplicité, des bijoux de fromages.

Enfin, plutôt qu'un répertoire, je vous propose une virée des fromageries artisanales de nos régions. Véritablement la meilleure manière pour comprendre l'engagement de l'artisan, c'est de le voir à l'œuvre.

Page après page, vous découvrirez à quel point ces femmes et ces hommes carburent à la passion. Je me répète : « Au-delà de tout produit, il y a un être humain. L'artisan a un nom, une personnalité, une âme, une pensée et une grande sagesse. »

Faites-vous le plaisir d'aller à leur rencontre ! Ils vous parleront de leur métier, de leurs produits, de leurs valeurs, de leur terroir... En repartant de leur fromagerie, vous aurez dans votre petit sac un peu de l'âme de l'artiste, de son talent et de son sens de l'humour ; et ça, c'est toute une richesse !

Je vous souhaite d'agréables découvertes et de joyeuses gourmandises !

Michèle Foreman

TABLE DES MATIÈRES

Avant-propos	9
La fromagerie au Québec	10
Le lait par André Fouillet	12
Lait cru ou pasteurisé ?	13
Les animaux nourriciers	14
Fabriquer un fromage, un art ou une technologie ? par Patrick Tirard-Collet	19
L'affinage par Patrick Tirard-Collet	21
L'aventure sensorielle par Patrick Tirard-Collet	24
Le plateau	26
L'art de la découpe	28
Le concours Sélection Caseus par Patrick Tirard-Collet	30
Fromage fermier ou artisanal ?	33
Artisan au quotidien	34
Les fromagers artisans par région	36
Abitibi-Témiscamingue	36
Outaouais	40
Laurentides	46
Laval	56
Lanaudière	60
Mauricie	70
Québec	74
Charlevoix	82
Saguenay–Lac-Saint-Jean	88
Montérégie	108
Cantons-de-l'Est	116
Centre-du-Québec	130
Chaudière-Appalaches	144
Bas-Saint-Laurent et Gaspésie	150
Îles-de-la-Madeleine	156
Recettes	160
Remerciements et présentation de mes collaborateurs	189
Coordonnées des fromageries	**191**

Hommage à tous les artisans
de la Belle Province !

 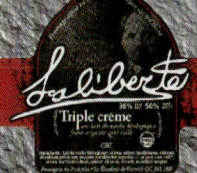     
 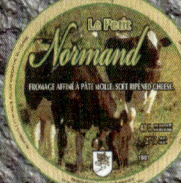     

  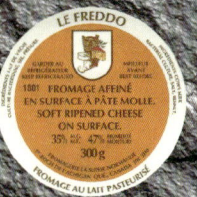    
  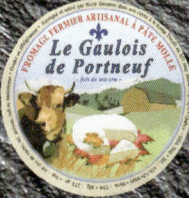    
 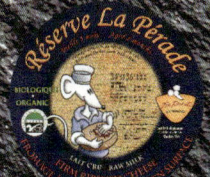     
   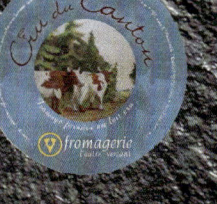    
     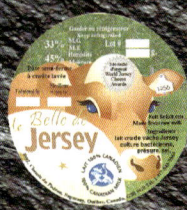 

FROMAGES

Artisans du Québec
la crème de la crème

Michèle Foreman